Kodo Nishimura

DER MÖNCH IN
HIGH HEELS

Du darfst sein, wer du bist

*Aus dem Englischen
von Judith Elze*

Originally published in Japan as SEISEI DODO by Sunmark Publishing, Inc., Tokyo, Japan in 2020. German translation rights arranged by Sunmark Publishing, Inc., Tokyo, Japan and The English Agency (Japan) Ltd, in conjunction with DropCap Inc.
German translation from the English edition published by Watkins Media in 2022.

Besuchen Sie uns im Internet:
www.knaur-balance.de

Aus Verantwortung für die Umwelt hat sich die Verlagsgruppe Droemer Knaur zu einer nachhaltigen Buchproduktion verpflichtet. Der bewusste Umgang mit unseren Ressourcen, der Schutz unseres Klimas und der Natur gehören zu unseren obersten Unternehmenszielen. Gemeinsam mit unseren Partnern und Lieferanten setzen wir uns für eine klimaneutrale Buchproduktion ein, die den Erwerb von Klimazertifikaten zur Kompensation des CO_2-Ausstoßes einschließt. Weitere Informationen finden Sie unter: www.klimaneutralerverlag.de

Deutsche Erstausgabe 2022
Knaur Balance
© 2020 by Kodo Nishimura
© 2022 Knaur Balance
Ein Imprint der Verlagsgruppe
Droemer Knaur GmbH & Co. KG, München
Alle Rechte vorbehalten. Das Werk darf – auch teilweise – nur mit Genehmigung des Verlags wiedergegeben werden.
Redaktion: Jennifer Jäger
Covergestaltung: buxdesign | Lisa Höfner
Coverabbildung: Seth Miranda
Illustrationen: Kodo Nishimura
Satz: Adobe InDesign im Verlag
Druck und Bindung: CPI books GmbH, Leck
ISBN 978-3-426-67622-6

2 4 5 3 1

Inhalt

Meine Botschaft an die deutschen Leser*innen
– 7 –

Einleitung
– 17 –

1. Es ist an der Zeit, dir treu zu sein
– 26 –

2. Finde deinen Weg
– 72 –

3. Wir sind alle gleich
– 122 –

4. Verliebe dich in deine eigene Schönheit
– 172 –

Zum Schluss
– 233 –

Dank
– 240 –

Für alle, die sich schon einmal schwergetan haben, im Innersten ehrlich mit sich zu sein.

Meine Botschaft
an die deutschen Leser*innen

Zu Deutschland habe ich eine besondere Verbindung, denn in ihren 30ern hatten meine Eltern zwei Jahre hier gelebt und wollten deshalb auch nach meiner Geburt ihnen vertraute Orte hier besuchen. Ich war etwa sechsmal in Deutschland und Österreich, und wir lieben die Menschen und die Atmosphäre sehr. Für die Familie Nishimura ist es eine große Ehre, ein Buch bei einem deutschen Verlag zu veröffentlichen.

Als meine Eltern in Deutschland lebten

Im Jahr 1980 erhielt mein Vater als Universitätsprofessor ein Stipendium von einer buddhistischen Schule (dem Reinen Land) für eine Forschungsarbeit zusammen mit einem Professor an der Göttinger Universität. Mein Vater freute sich sehr auf die Arbeit, denn deutsche Unis besitzen eine Menge buddhistische Bücher und Manuskripte aus dem alten Indien. Er war damals bereits mit meiner Mutter verheiratet, also machten sie sich gemeinsam auf den Weg nach Deutschland. Zunächst lebten sie in der Nähe von Mannheim, um Deutsch zu lernen. Später zogen sie dann nach Göttingen um.

In der Sprachenschule trafen sie auf Menschen aus aller Welt. Meine Mutter spricht immer noch gern von einer wunderschönen Mitschülerin aus der Türkei, die an keinem Tag dasselbe anhatte. Tagtäglich habe sie die Kleidung in einem neuen Style getragen, ohne dass es extravagant oder teuer ausgesehen hätte. Ganz zwanglos, aber immer wieder neu. Meine Mutter machte das sehr neugierig, sie stellte sich vor, dass die Türkin aus einer wohlhabenden Familie sei. Ich höre gerne zu, wenn meine Eltern von ihren einzigartigen Mitschüler*innen aus der ganzen Welt erzählen. Auch ich liebe es, mich schick zu machen und ganz unterschiedlich aufzutreten. Ich halte es für unrealistisch und nicht nachhaltig, zahllose Kleidungsstücke zu besitzen, und finde es dagegen sehr motivierend, mich mit ein und denselben Kleidern unterschiedlich zu stylen. Was meine Eltern beschrieben, war die Welt, widergespiegelt in einem kleinen Klassenzimmer. In den 1980ern gab es, glaube ich, noch nicht viele Ausländer in Japan, und ich bin froh, dass sie die Chance hatten, andere Kulturen kennenzulernen und ihren Horizont zu erweitern, denn die Weltoffenheit würden sie später für ihr Kind noch brauchen! So konnte ich selbst Unvoreingenommenheit lernen und das Gefühl erlangen, in der Debatte über die Diversität der Menschen und Kulturen etwas beizusteuern zu haben.

Später zogen sie nach Göttingen, wo mein Vater einem Professor assistierte, indem er chinesische Sutras ins Deutsche übersetzte. Meine Mutter ist Pianistin, sie studierte Klavier bei einem Professor in einem nahe gelegenen Ort. In Göttingen lebten meine Eltern im Haus des verstorbenen Nobelpreisträgers Adolf Windaus, der herausfand, dass Vitamin D Kinder vor Rachitis bewahren kann. Sein Sohn und dessen Frau waren die Vermieter meiner Eltern, sie zeigten ihnen die Goldmedaille für den Nobelpreis. Es gab eine geistreiche Haushälterin namens Margot und riesige Porträts der Vorfahren im Eingangsbereich. Meine Eltern erzählen noch immer von den Windaus und wie sehr sie sie schätzen.

Im Alter von vier Jahren nahmen sie mich einmal mit dorthin. Ich lernte Frau Windaus kennen, die damals noch lebte. Sie war sehr groß und schlank und unglaublich anmutig mit ihren grauen Haaren und trug einen bei aller Einfachheit eleganten Rock. Sie nahm mich auf wie einen eigenen Enkel. Das Haus war eine prachtvolle Villa mit einem großen Eingangsbereich. Es gab einen wunderschönen Rosengarten hinter dem Gebäude und einen Flügel im Salon. Ich verstand zwar nicht, was geredet wurde, aber mir schien, dass sie, während meine Eltern dort lebten, einen herzlichen Umgang miteinander gepflegt hatten.

Ich glaube wirklich, dass meine Eltern von Deutschland inspiriert wurden. Mein Vater sagt, dass er dank seiner Studien in Deutschland in der Lage war, seinen Horizont zu erweitern und den Buddhismus tiefergehend zu erforschen. Deshalb haben mich meine Eltern unterstützt, als ich im Ausland studieren wollte. Noch heute sagen sie gerne *Tschüss*, bevor sie schlafen gehen.

Mein Lieblingsspielzeug aus Deutschland und Österreich: Eine Vogelmarionette aus Holz

Im Allgemeinen sind meine Erinnerungen vage, nur im Zusammenhang mit Spielzeug, das mir meine Eltern besorgten, werden sie ganz konkret. Von einigem möchte ich gern erzählen. Auf den Reisen wusste ich, ehrlich gesagt, nie so genau, ob ich gerade in Deutschland oder Österreich war. Das ist eine Schande, ich weiß, aber die Städtenamen klangen für mich alle gleich. Salzburg ist für mich ein denkwürdiger Ort in Österreich. Einer der ersten ausländischen Spielfilme, die ich als Junge sah, war *Meine Lieder – meine Träume*. Meine Mutter ist ein großer Fan von Julie Andrews, sodass wir dort die Drehorte besuchten: den Park und das Haus der Familie Trapp. Im Film gibt es eine Szene, in der die Kinder ein Marionettenmusical aufführen. In Salzburg wollte ich unbedingt ein solches Marionettentheater sehen. Meine Mutter hatte herausgefunden, dass es die *Zauberflöte* gab, und uns Karten besorgt. Hinterher kamen wir auf dem Weg zum Hotel an einem Straßenhändler vorbei, der eine Vogelmarionette mit einem grünen kegelförmigen Hut zum Verkauf anbot. Die Marionette war so süß, dass meine Eltern sie für mich erstanden. Sie war zwar nicht so schön zu bewegen wie die Marionetten im Film, aber solche faszinierenden Dinge öffneten mir das Herz und machten mich neugierig auf fremde Kulturen. Spielzeug kann ein großartiges Mittel sein, um Kindern eine andere Kultur nahezubringen.

Die Meerjungfrau-Barbie

Als ich sieben war, kam ich wieder nach Salzburg. Unser Hotel war in der Nähe von Klexx gelegen, einem Spielzeugladen mit einem Riesenschaufenster. Dort gab es Barbies als Meerjungfrauen, genannt »Glitzerhaar-Meerjungfrau«. Ich war hin und weg. Es gab drei Arten von Meerjungfrauen, eine blonde mit goldenem Schwanz, eine schwarzhaarige mit pinkfarbenem Schwanz und eine mit rotbraunem Haar und blauem Schwanz. Alle hatten eine kleine Krone auf dem Kopf und umwerfende sternförmige Accessoires für die Haare. Diese Haaraccessoires hätte man sich auch in die eigenen Haare stecken können! Ihre Haare waren lang, die Gesichter wunderschön, die Körper sinnlich. Ich hatte das Gefühl, noch zu klein für sie zu sein, und bewunderte sie nur durchs Schaufenster.

Ich wusste nicht, wie teuer sie waren, aber sie sahen unglaublich luxuriös und unerreichbar aus. Es war, als würde ihre Schönheit mich herausfordern: »Bist du groß genug, mich zu besitzen?« Jeden Tag bettelte ich meine Eltern an, wenn wir an dem Geschäft vorbeikamen. Meine Mutter erinnert sich, dass sie es eigentlich nicht gesund fand, einem Kind in allem nachzugeben, und mehrere Tage hart blieb. Doch irgendwie geschah ein Wunder, und ich durfte mir eine von ihnen aussuchen: die Meerjungfrau mit dem rotbraunen Haar und dem blauen Schwanz. Als ich die Schachtel öffnete, war ich unglaublich aufgeregt. Es schien mir komplett surreal, dass diese Puppe plötzlich mir gehören sollte – fast so, als hätte ich ein Date mit einer erwachsenen Frau!

Wieder in Japan zurück, stellte ich fest, dass die Meerjungfrau größer und kurviger war als zum Beispiel Sailor Moon oder meine anderen Puppen. Das neue Supermodel wurde Teil meiner japanischen Puppenklasse. Sehr unpassend, aber ich bin sicher, dass sich die Meerjungfrau an ihre neue Umgebung gewöhnt hat. Meiner Mutter bin ich sehr dankbar, dass sie mir diese Puppe kaufte, obwohl ich ein Junge war. Sie erinnert sich, dass sie mit anderen Müttern aus dem Kindergarten über meine Spielzeugvorlieben sprach. Die Mutter eines anderen Kindes sagte ihr damals anscheinend, sie habe kein Problem damit, ihrer Tochter Spielzeug für Jungen zu kaufen. Ich bin froh, dass es da so vorurteilsfreie Mütter gab. Eltern sollten ihre Kinder so feiern, wie sie sind, denn ich war wirklich glücklich und konnte meine Freude auch mit anderen teilen. Nur weil ich Puppen mag, heißt das noch lange nicht, dass ich verquer wäre. Wenn du das Gefühl hast, dass du in deinen Werten fremdbestimmt bist, würde ich dir gern beistehen, zu deinen eigenen zu finden. Denn noch einmal: Es ist nichts verkehrt daran, zu mögen, was du magst! Heute kann ich anderen helfen, indem ich Menschen noch schöner mache, als sie sowieso schon sind.

Transformers

Meinst du, ich hätte mich nur für Mädchenspielzeug interessiert? Tatsächlich mochte ich auch Roboter und Spielzeugautos. 1997 gab es eine CGI-Serie im Fernsehen mit dem Titel *Transformers: Beast Wars* (die deutschsprachige Erstausstrahlung fand 1998 auf RTL 2 statt). Es war eine Kriegsstory, in der Tiere in Kampfroboter verwandelt werden.

Als ich zehn war, nahm meine Mutter mich mit nach Berlin. Damit ich mich im fremden Land nicht langweilte, schlug ich ihr vor, mir vorab ein Spielzeug zu besorgen. Sie war einverstanden und kaufte mir einen Tintenfisch-Transformer. Wie erwartet, langweilte ich mich häufig im Zug oder im Hotel und wechselte beim Spielen ständig zwischen Tintenfisch und Roboter. Ich glaube, ich wetteiferte sogar mit mir selbst, wie schnell ich diesen Wechsel hinbekam. Aber langsam wurde es mir langweilig, und ich fühlte mich ein bisschen einsam auf dieser Reise, weil ich kein Deutsch konnte.

In Berlin besuchten wir eine alte japanische Freundin meiner Mutter aus ihrer Zeit an der Musikhochschule in Japan. Die Freundin war mit einem Deutschen verheiratet. Sie hatten zwei Söhne, von denen einer in meinem Alter war. Ich hatte etwas Angst, ob wir uns verstehen würden, weil ich mich oft unwohl mit anderen Jungen fühlte. Aber – welche Überraschung! – auch er hatte einen Roboter der Transformer!

Es war ein sehr gesprächiger und neugieriger Junge, der auch ein bisschen Japanisch konnte, und ich gab mir Mühe, mich einfach auszudrücken, damit wir uns unterhalten konnten. Wir vertrugen uns gut, und ich war glücklich, dass ich in Deutschland einen Freund gefunden hatte. Sein älterer Bruder, ein großer, stiller Typ mit Vollbart, gab mir das Gefühl, noch ganz klein zu sein. Er stand auf ein Videospiel mit dem Titel *Age of Empires* und zeigte mir, wie es funktionierte. Es ging darum, eine eigene Zivilisation aufzubauen und gegen andere Spieler zu kämpfen. Zurück in Japan, bat ich meine Eltern, mir dieses Spiel zu schenken. Ich war direkt süchtig danach, und verdarb mir in jenen Sommerferien die Augen. Es machte mir Spaß, so eine Zivilisation aufzubauen und ihre Armee zu stärken. Wegen solcher Spiele und Interessen wusste ich nicht, ob ich Junge oder Mädchen war. Denn ich fand Roboter und Kriegsspiele aufregend, obwohl eigentlich nur Jungs damit gern spielten, aber auch Prinzessinnen gefielen mir sehr.

Bevor ich Deutschland verließ, fragte uns der Junge, ob ich ihm in Japan einen Libellen-Transformer kaufen könnte, weil es sie nur dort gibt. Das taten wir gern und schickten ihm das Spielzeug. Ich war so stolz, dass ich einen Freund hatte, der in Deutschland lebte. Wie kostbar, wenn man Verbindung zu jemandem hat, der so weit weg lebt, eine andere Sprache spricht, ganz anders aussieht, und mit dem man trotzdem eine gemeinsame Sprache spricht und gemeinsame Interessen hat.

Deutsche Austauschstudent*innen bei uns zu Hause

Als ich zehn oder elf Jahre alt war, stellten sich meine Eltern als Gastfamilie für Austauschstudent*innen aus Deutschland zur Verfügung, um ihr Deutsch zu praktizieren. Ich war sehr aufgeregt, dass so jemand den ganzen Sommer über bei uns wohnen würde. Insgesamt kamen zwei, und beide Erfahrungen waren für mich prägend.

Andrea

Im ersten Jahr nahmen wir Andrea auf. Sie war vermutlich 19 zu der Zeit, eine charmante junge Frau mit einem braunen Pferdeschwanz. Ich glaube, sie stand damals auf die japanischen Animes. Anfangs war ich sehr aufgeregt, aber dann spielten wir sogar mit sogenannten Haribo-Gummibärchen. Ich biss sie in der Mitte durch und setzte sie anders und bunt wieder zusammen. (Ich bin sicher, dass ich nicht der Erste bin, der auf diese Idee gekommen ist.) Andrea brachte mir auf mein Verlangen ein paar schmutzige deutsche Wörter wie Furz, Popel oder Rülpser bei. Später lud ich sie ein, mit mir *Street Fighter* zu spielen. Bei dem Spiel wählst du dir einen

Charakter aus und lässt ihn gegen andere Spieler kämpfen. Damit verbrachten wir einiges an Zeit, und ich glaube, wir gingen auch zusammen ins Disney Resort. Ich fühlte mich immer wohler mit ihr und dachte, wir könnten richtig gute Freunde werden.

Doch als sie am nächsten Morgen die Treppe herunter ins Wohnzimmer kam, war ich schockiert. Sie trug keinen BH unter ihrem T-Shirt, und plötzlich wurde mir klar, dass sie anders war. Das hatte ich noch nie erlebt, und ich fühlte mich total unwohl und fremd, denn Japanerinnen tun so etwas nicht. Aber sie benahm sich völlig normal. Heute weiß ich, dass daran nichts verkehrt war, dass es nur kulturell verschieden ist, wie viel wir von unserem Körper zeigen. Diese Unterschiede in den Kulturen und Werten begegneten mir also tatsächlich von früh an.

Johannes

Im zweiten Jahr nahmen wir Johannes auf. Als ich hörte, dass wir einen Deutschen erwarteten, stellte ich mir jemanden vor, der europäisch aussah. Doch er hatte dunkle Haut und sehr langes, hinten zusammengeflochtenes Haar. Noch nie hatte ich jemanden mit gemischtem ethnischen Hintergrund gesehen, geschweige denn einen biologischen Mann mit so langen Haaren. Das brachte mich sehr durcheinander. Ich ließ ihn nicht an mich heran, weil ich eifersüchtig war, dass er die Haare so lang tragen durfte, wo doch in meiner Schule die Jungen kurzes Haar zu tragen hatten. Es lag wirklich an meinem Vorurteil und an meiner Angst vor dieser Fremdheit. Ich war verunsichert, weil er so anders war als alles, was ich bisher gekannt hatte. Aus Ignoranz entwickeln Menschen Vorurteile, akzeptieren Anderssein nicht oder diskriminieren andere sogar.

Er mochte ebenfalls Animes und hielt sich gern in Comicläden auf. Eines Tages fragte er, ob ich ihm *Card Captor Sakura,* eins meiner Lieblingsmangas über ein magisches Mädchen, leihen würde. Ich war sehr zögerlich. Mich störte, dass sich jemand, der mir so fremd war, für etwas interessierte, das mir auch gefiel. Zugleich schämte ich mich, einen Comic zu besitzen, der eigentlich für Mädchen gemacht war. In mir tobten die blanke Eifersucht und mein innerer Zwiespalt, nicht sagen zu können, was mir gefällt, während er einfach sein durfte, wie er war, mit seiner einzigartigen Frisur und seinen Vorlieben unabhängig von Alter und Geschlecht. Wenn ich zurückdenke, war absolut nichts verkehrt daran, einen gemischten ethnischen Hintergrund zu haben, langes Haar zu tragen und Animes zu mögen. Vielleicht zeigte sich bei mir auch der gesellschaftliche Druck. Noch heute tut es mir leid, dass ich ihm meine Comics nicht geliehen habe. Sorry!

Später kam er noch einmal mit seiner Freundin Sarah aus Deutschland zu Besuch. Sie trug ebenso langes Haar wie Johannes. Es war wunderschön zu sehen, wie die beiden Styles zusammenpassten. Neu für mich war, dass sie vegetarisch lebte. Als Junge war ich noch nie jemandem begegnet, der sich so ernährte. Ich war neugierig, warum und wie das funktionierte, denn in Japan gab es kaum Vegetarier. Trotz meiner kühlen Haltung ihnen gegenüber waren sie unglaublich anständig und freundlich. Selbst wenn ich zunächst distanziert war, weiß ich, wenn jemand Charakter und eine große Persönlichkeit hat.

Noch heute schicken sie uns Weihnachtsgrüße. Und ich habe eine E-Mail erhalten, in der sie mir mitteilen, wie sehr sie sich über mein Buch freuen. Ich bin sehr dankbar, dass ich die Chance hatte, Menschen zu begegnen, die meinen Standard von dem, »was normal ist«, verändert haben. Auch wenn es sich nur um kurze Episoden handelte, konnte ich viel über menschliche Reaktionen auf Kultur und Menschen anderer Länder lernen. Hätte ich diese Erfahrungen nicht gemacht, könnte ich mit Sicherheit nicht über die japanischen Werte hinausdenken. Diese Erlebnisse haben mir auf alle Fälle geholfen, mich von früh an zu befreien.

Danke nochmals dafür, dass ihr mein Buch auf Deutsch lest. Es ist mir eine große Freude. Ich hoffe, ich kann euch in die bunten Welten mitnehmen, die ich in meinem Leben bereist habe. Atmet die Luft der japanischen Tempel, hört den Krach der Pride Parade in New York ebenso wie den stillen Raum in unserem Gewahrsein. Wer weiß, vielleicht könnt ihr nach diesen Reisen eure Familie und eure Freund*innen befreien? Tschüss!

Einleitung

Ich bin Kodo Nishimura, buddhistischer Mönch, Make-up-Artist und Mitglied der LGBTQIA*-Community. Ich bin Mönch und lese Sutras – heilige Schriften –, ich schminke Leute, trage High Heels und glitzernde Ohrringe. Mit 26 fing ich an, stolz auf meine Sexualität zu sein, als Jugendlicher jedoch versteckte ich mein wahres Ich vor den Menschen, die mich umgaben, und lebte mit dem Gefühl, mich für mein Selbst schämen zu müssen. Ich hatte Angst, verurteilt und gedemütigt zu werden, fühlte mich schuldig und »anomal« und verbarg meine wahren Gefühle.

Als ich ein Kind war, wurden Homosexuelle in den japanischen Medien immer so dargestellt, als wären sie seltsam oder pervers. Männer in Frauenkleidern tauchten im Fernsehen meist als fiese Diven oder Schurken auf. Sie waren nie ehrbar oder gebildet. Von LGBTQIA* wurde generell ein schreckliches Bild gezeichnet. Zum Glück ist in Japan inzwischen eine Veränderung im Gange: LGBTQIA*-Rechte sind ein Thema in der Öffentlichkeit, und seit 2015 nehmen in vielen Städten die Zahlen der gleichgeschlechtlichen Partnerschaften zu.

Trotzdem dachte ich wegen der Medien, der Kultur und der Gesellschaft, in der ich aufwuchs, dass ich mich für meine Sexualität schämen müsste. Erst außerhalb von Japan begegnete ich Menschen, die diese Diskriminierung überwunden hatten und ihre Sexualität selbstbewusst lebten. Ich lernte, dass Homosexualität etwas ist, das schon seit sehr langer Zeit existiert: Sie ist schon aus den Zeiten der Römer und Griechen überliefert. Außerdem lernte ich die LGBTQIA*-Geschichte kennen und erfuhr beispielsweise, dass Homosexualität ebenfalls in der antiken japanischen Gesellschaft weitverbreitet war. Selbst ein Teil der LGBTQIA*-Szene zu sein, konnte also gar nicht so schlimm sein.

Keiner kann behaupten,
dass es verkehrt ist, du zu sein.

Das Zuhause meiner Kindheit war ein Tempel in Tokio, in dem mein Vater Priester war. Er stammte aus einer Bauernfamilie, konnte als zweiter Sohn aber nicht den Bauernhof erben. Im Alter von fünf Jahren wurde er nach Tokio zum Tempel eines entfernten Verwandten gebracht und von einem Paar adoptiert, das selbst keine Kinder hatte. Er durfte an der Uni sein Studienfach zwar nicht selbst wählen, promovierte aber im Fachbereich Buddhistische Studien und ist jetzt emeritierter Professor.

Schon als Kind wurde von mir erwartet, dass ich eines Tages die Leitung des Tempels übernehmen würde. Ich hasste es, wenn meine Freunde und andere fragten, ob ich denn schon Sutras lesen und wann ich mir den Kopf rasieren würde.

Trotz dieser Erwartungen übten meine Eltern diesbezüglich nie Druck aus. Außerdem akzeptierten sie, dass ich gern Prinzessin spielte und Bilder malte. Als kleiner Junge machte mir das großen Spaß. Aus dem Jahrbuch meines letzten Jahres im Kindergarten geht hervor, dass ich den anderen Kindern dort gerne zeigte, wie man am besten Aschenputtel spielt. Zu Hause wirbelte ich laut Aussagen meiner Mutter mit Vorliebe in ihrem Minirock herum. »Schau, ich bin ein Mädchen!«, sagte ich dann. Am liebsten tanzte ich zu dem Lied »Belles Lied: Unsere Stadt« aus dem Film *Die Schöne und das Biest*.

Ich war schon etwas älter, als mir eines Tages beim Saubermachen im Haus zufällig eine alte Audiokassette in die Hände fiel, auf der ich als kleiner Junge irgendwelche Lieder improvisierte und verschiedene Sprachen imitierte. Mich so fröhlich und scherzend auf der Kassette zu hören, überraschte mich sehr. Offensichtlich hatte ich damals eine Menge

Selbstvertrauen gehabt und mich selbst viel mehr geliebt. Im Alter von ungefähr fünf Jahren hatte ich noch in den Spiegel geschaut und voller Überzeugung geseufzt: »Ich bin ja so perfekt. Kann überhaupt jemand hübscher sein als ich?« Wo war dieses kleine Ich hin? Dieses kleine Ich, dass sich so frei und voller Selbstvertrauen ausdrückte?

Wenn ich zurückdenke, dann begann sich das zu ändern, als ich auf die Grundschule kam. Dort wurde von den Jungen erwartet, dass sie sich wie Jungen verhielten, und die Mädchen hatten Mädchen zu sein. Die Leute machten sich lustig über mich, weil ich so »mädchenhaft« war, sodass ich mein wahres Ich sehr schnell tief in mir verschloss. In der Schule war ich jemand ganz anderes als zu Hause.

Dabei ging es in der Grundschule und Mittelschule noch, weil ich geschlechtsunabhängig Freundschaften schließen konnte. Zum Pokémonspielen hatte ich Freunde und zum Puppenspielen Freundinnen. Auch in der Mittelschule hatte ich gute Freund*innen, gemeinsam begeisterten wir uns für Harry Potter.

Viel schwieriger wurde es dann an der Oberschule – einer Privatschule, in der ich niemanden kannte und deren Kultur mir fremd war. Der Fokus lag ausschließlich auf einer Vorbereitung für die Aufnahme an die großen Universitäten. Hier verschloss ich mein Herz komplett. Als mich dann ein Klassenkamerad auch noch »Schwuchtel« nannte, fühlte ich mich unendlich beschämt und beleidigt.

In diesen letzten Schuljahren hielt ich mich gerade so über Wasser, war ständig depressiv und fühlte mich völlig verloren. Ich war weder gut in den akademischen Fächern noch in der Lage, Freundschaften zu schließen. Die Jungen interessierten sich nur für Baseball und Comedyshows. Die Mädchen tratschten über die Jungs. Ich dagegen mochte Disney-Prinzessinnen und wollte am liebsten im Ausland studieren. Niemand schien ähnliche Interessen zu haben. Weder unter den

Schüler*innen noch unter den Lehrer*innen gab es jemanden, der mich wirklich gekannt hätte. Hier verbrachte ich die Jahre in dem verzweifelten Versuch, meine Einsamkeit zu verbergen. Und jeden Tag sagte ich mir: *Ich bin doch kein schlechter Mensch. Warum muss ich nur so einsam sein?*

Die Demütigung und Not befeuerten meinen Wunsch, Englisch zu studieren und fortzugehen. Zuflucht fand ich in der amerikanischen Kultur. Ich hörte Mariah Carey, Destiny's Child und Michael Jackson und schaute mir Filme an wie *3 Engel für Charlie, Plötzlich Prinzessin* und *Sister Act – Eine himmlische Karriere*. Die Protagonist*innen waren authentisch und hatten keine Angst, sich zu zeigen. Sie lehrten mich, meinem Herzen zu folgen.

Nach dem Oberschulabschluss ging ich zum Studieren in die USA. Endlich ein Ort, an dem mich die Menschen in meiner Einzigartigkeit akzeptierten. Allerdings hatte ich es hier mit Minderwertigkeitsgefühlen aufgrund meiner ethnischen Herkunft zu tun. Meine Erscheinung bereitete mir immer größere Komplexe, bis ich meine Augen, meine Größe und mein stilles Wesen regelrecht hasste.

Dann aber passierte etwas, das mein Leben veränderte. Mit 20 schloss ich ein Sprachencollege in Boston ab und schrieb mich in der Parsons School of Design in New York ein. Hier zeigten Studierende und Lehrende stolz, wer sie waren, und drückten sich frei aus. Stück für Stück räumten die alten Vorstellungen von »Normalität«, die mich gequält hatten, das Feld für etwas sehr viel Befreienderes. Und hier begann ich auch als Make-up-Assistent zu arbeiten.

Bis 2019 arbeitete ich in den USA als Make-up-Artist, darunter auch mit vielen Models und Stars. Aber obwohl sich der Horizont meines Lebens erweitert hatte, fühlte ich mich immer noch wie in einem Käfig. Warum? Weil ich mich gegenüber meinen Eltern noch nicht hatte outen können. Schon als Kind hatte ein unsichtbares Spinnennetz über meinem Kopf gehangen. Sosehr ich es auch gewollt hätte, konnte ich nicht aufsehen und lebte in der ständigen Angst, dass etwas Schreckliches passierte, wenn ich jemals das Kinn hob.

Als ich mit 24 Jahren nach Japan zurückkehrte, um eine Mönchsausbildung zu machen, traf ich die schwere Entscheidung, mich meinen Eltern gegenüber zu outen. Und das Spinnennetz löste sich in dem Moment, in dem ich ihnen mein wahres Ich zeigte, in nichts auf. Plötzlich konnte ich zum Himmel schauen und die Sterne sehen! Es war wie ein Sprung – SPLASH! – in einen Pool voller Pfirsichlimonade. Meine Welt färbte sich pink, ein süßer Duft lag in der Luft, und das Leben schwang sich in die Höhen wie eine spritzige Sprudelblase.

Seit meiner Rückkehr nach Japan bin ich bei verschiedenen Gelegenheiten im Fernsehen aufgetreten, man hat mich in Zeitungen, Zeitschriften und anderen Medien gefeatured. Ich habe sogar die Möglichkeit erhalten, an renommierten Universitäten und in Weltkonzernen sowie vor den Vereinten Nationen über meine Erfahrungen und Vorstellungen zu sprechen und einen Talk bei TEDx zu halten.

Heute kann ich stolz sagen, dass ich glücklich bin, als die Person geboren zu sein, die ich bin. Zugleich aber habe ich mehr als die Hälfte meines Lebens in einem tiefen farblosen Graben verbracht. Vielleicht liest jetzt gerade jemand dieses Buch, der denkt (wie ich es einmal tat): *Ich kann mir nicht mal vorstellen zu offenbaren, wer ich wirklich bin. Selbst wenn das vielleicht ein paar wenigen gelingt, ist es für mich völlig unmöglich. Ich werde nie sagen oder tun können, was sich mein Herz wünscht.*

Aus eigener Erfahrung sage ich dir: Ja, ich weiß, dass das sehr, sehr schwer ist. Aber du begrenzt dein Leben mit deinem eigenen Denken. Und genau da setzt mein Buch an, denn ich möchte dir helfen.

> Jeder und jede von uns ist auf viele Weisen gebunden. Wir können unser wahres Selbst verstecken und uns so tarnen, dass wir aussehen wie die anderen.

Auch wenn es dir vorkommt, als wäre das der leichtere Weg, ist es in Wahrheit schwerer, wenn du deine wahren Gefühle verbergen und so tun musst, als wärst du jemand anders, um den Erwartungen anderer gerecht zu werden.

Mehr Information, die Begegnung mit Menschen und das Reisen machten mich so frei, dass ich der Welt endlich zeigen konnte, wer ich tatsächlich bin. Jetzt habe ich Freunde und Freundinnen, die verstehen, was ich denke und tue, und mich bei allem unterstützen, und auch meine Familie steht hinter mir. Ich habe das Gefühl, den Schurken in meinem Lebensfilm besiegt zu haben. Natürlich fühle ich mich manchmal noch durcheinander und deprimiert, aber im Prozess meines Coming-outs und meiner Selbstfindung habe ich mit Unterstützung der Menschen in meinem Umfeld verschiedene Lektionen gelernt, die ich in diesem Buch an dich weitergeben möchte, damit sie dich inspirieren können. Außerdem möchte ich Einsichten aus alten buddhistischen Lehren – aus der spirituellen Tradition, die mir heute auf meinem Weg behilflich ist – mit dir teilen.

Ein Passus aus dem *Amida-Sutra,* einem heiligen buddhistischen Text, beschreibt die Landschaft des Reinen Landes (auch als Land mit dem Namen »Höchste Freude« bezeichnet). Darin gibt es einen Teich mit Lotusblumen: »Die blauen entsenden blaue Strahlen, die goldenen goldene, die roten rote und die weißen weiße.« Das bedeutet, dass jede Blume in ihrer eigenen Farbe leuchtet und von einzigartiger Schönheit ist. Ich

»Wo ich auch suchte,
ich konnte nirgends etwas
Kostbareres finden als mich.
So ist für uns alle unsere eigene
Existenz das Allerkostbarste.
Deshalb werden wir niemals
andere zu unserem eigenen
Nutzen beleidigen.«

Udanavarga, 5:18

glaube, auch wir sollten alle in unserer jeweils ganz eigenen Farbe erstrahlen.

Jeder und jede von uns ist einzigartig, und diese Diversität ist wunderschön.

Aber in Wahrheit ist es nicht so leicht, unsere jeweiligen Unterschiede zu akzeptieren und zu feiern. Deshalb möchte ich in diesem Buch erläutern, wie du deine Gefühle mit anderen teilen kannst, wie du dich schützen, schließlich in deinen ganz eigenen Farben leuchten und um deiner selbst willen gefeiert werden kannst.

Und hier ein Geheimnis: Make-up und Buddhismus mögen zwar zwei unterschiedliche Wege darstellen, aber das Ziel ist dasselbe.
Meine Aufgabe ist es, die besonderen Farben eines Menschen hervorzubringen und zu schützen und ihm zu helfen, wirklich zu leuchten!

Heute bin ich stolz darauf, einzigartig zu sein. Ich weiß, wie hart es ist, fürs bloße Überleben das eigentliche Ich zu opfern. Deshalb bin ich auf deiner Seite. Ich möchte, dass du dich liebst und dein Leben stolz lebst.

Dazu musst du dich selbst akzeptieren und an dich glauben. Denn nur wenn du an dich selbst glaubst, ermöglichst du auch anderen, an dich zu glauben. Natürlich musst du dafür auch handfeste Gründe haben. Bei der Suche können dir vielleicht meine Erfahrungen und Gedanken von Nutzen sein.

Mein Ziel im Leben ist es, Menschen zu helfen, sie selbst zu sein, ohne sich irgendwie rechtfertigen zu müssen. Um diese Sicherheit zu gewinnen, kann es hilfreich sein, sich selbst zu erforschen und Informationen zu sammeln, indem man Geschichts- und Faktenforschung betreibt, Menschen trifft, reist und so den eigenen Horizont erweitert. Da mich das befreit hat, möchte ich jetzt als Brücke dienen und dir helfen, all das zu erfahren, was du brauchst.

Ich möchte dir zeigen, dass ein authentisches Leben machbar und ehrbar ist. Für alle, die wie das Röckchen tragende Kind von vor vielen Jahren sind – und für alle anderen: Mögt ihr hoch zum Himmel aufblicken und euer bestmögliches Leben leben!

Habt niemals Angst, ihr selbst zu sein! Es ist an der Zeit, dass ihr euch treu seid.

1

Es ist an der Zeit, dir treu zu sein

1
Es ist an der Zeit, dir treu zu sein

● ● ● ● ●

Du bist frei, dein Leben selbst zu gestalten.
Der erste Schritt dorthin?
Selbstakzeptanz und Glaube an dich selbst!

Ich halte mich weder für einen Mann noch für eine Frau. Ich bin beides. In meiner Kindheit in Japan aber wurde ich wie ein Junge behandelt, ganz egal, ob mir das passte oder nicht. Auch jetzt, wo ich erwachsen bin, halten mich die meisten Leute für einen Mann, dabei hat mein Inneres kein Geschlecht, auch wenn mein Körper männlich ist.

Ich finde, Menschen sollten nicht als Mann oder Frau definiert werden. Rein körperlich geht das vielleicht, aber unsere Gefühle ändern sich ständig. Wenn der Körper das Auto oder Schiff ist, steht trotzdem noch lange nicht fest, wer am Steuer sitzt oder steht! Das Gefährt definiert weder die Person, die sich darin befindet, noch kann es bestimmen, wohin sie sich bewegen soll. Und wenn ich noch eins draufsetzen darf: Auch ob ein Körper jung oder reif ist, sagt nichts über die Beschaffenheit des Geistes aus, der darin wohnt. Dasselbe gilt für die Hautfarbe oder irgendeine körperliche Abweichung. Wir können nie wissen, wer als Steuermann oder Steuerfrau im Körper einer anderen Person steckt.

Behalte das Steuer deines Lebens in der Hand; lass nicht zu, dass es jemand anders für dich übernimmt.

Ich wurde mit einem männlichen Körper geboren, und in meinem Familienstammbuch, dem Äquivalent für die Geburtsurkunde im Westen, steht »männlich«. Trotzdem identifiziere ich mich nicht als Mann. »Bist du also eine Frau?«, fragst du vielleicht. Nein, auch das nicht. Als Kind spielte ich, ich wäre eine Disney-Prinzessin, aber einen weiblichen Körper durch eine geschlechtsangleichende Operation wollte ich nie.

Auf die Frage: »Bist du schwul, transgender oder queer?«, fällt es mir schwer, eine klare Antwort zu geben. Tatsächlich habe ich mich bis Mitte 20 für schwul gehalten. Aber scheinbar bezieht sich »schwul« auf Menschen, die sich als männlich definieren und zu Männern hingezogen fühlen. Ich habe nicht das Gefühl, in diese Kategorie zu gehören.

Ich bin aber auch nicht transgender, da ich mich ja nicht für eine Frau halte. Das »Q« bei LGBTQIA* steht für queer und »questioning«, »hinterfragend«. Ich fühle mich nicht wohl, wenn man mich als queer bezeichnet, weil ich eigentlich weder hinterfrage noch erkunde, sodass sich, ehrlich gesagt, auch das ein bisschen komisch anfühlt.

Ich bin ein stolzes Mitglied der LGBTQIA*-Community, aber wenn ich versuche, genau auszudrücken, wohin ich gehöre, stelle ich fest, dass keine der LGBTQIA*-Kategorien für mich passt. Ich wage zu bezweifeln, dass ich der Einzige bin, der deshalb frustriert ist. Ich war zum Beispiel mit einem Mädchen auf der New Yorker Pride Parade, die eine Freundin hatte und einige Jahre später einen Mann heiratete. Manche

Leute fühlen sich wohl, wenn sie als LGBTQIA* definiert werden; andere wieder lassen sich nicht auf einen einzigen Begriff festlegen.

Ich sehe es so: Mein Körper ist ein Behältnis, das zufällig ein Geschlecht hat. Aber die Seele, die er enthält, ist geschlechtslos. Deshalb finde ich jede Kategorisierung falsch.

Derzeit betrachte ich mich gern als »Gender gifted«, weil ich in der Lage bin, jenseits der an ein Geschlecht gebundenen Erwartungen zu denken und zu leben und so neue oder alternative Aussichtspunkte zu bieten. »Gender gifted« ist ein Ausdruck, den ich vor Jahren irgendwo aufgeschnappt habe. Er hat mir die Kraft gegeben, so zu sein, wie ich bin. Es geht ja immer nur darum, uns selbst von einem positiven Standpunkt aus wahrzunehmen.

Jeder Mensch ist einzigartig, und jeder und jede hat seine und ihre eigenen wandelbaren Vorlieben. Daher nehme ich mir für jede Begegnung vor, dass ich niemanden als männlich, weiblich und noch nicht einmal als LGBTQIA* einordne, sondern alle einfach nur als menschliches Wesen.

Ich bin Teil der LGBTQIA*-Community, finde aber, dass keiner der einzelnen Buchstaben für mich passt. Ich würde mich gern als »genderbegabt« definieren.

Vielleicht sehen dich Leute wegen deiner physischen Eigenschaften von außen anders. Trotzdem sollte uns klar sein, dass uns unser eigenes Gewahrsein zu *uns* macht. Am Ende gibt es in unserem Gewahrsein weder Minderwertigkeit noch Überlegenheit. Wir können nur unser Gewahrsein wahrnehmen, uns also nie wirklich mit anderen vergleichen oder ihnen gegenüber einstufen. Das ist zwar leichter gesagt als getan, und manchmal habe ich durchaus noch Mühe damit, aber ich komme immer auf dieses Prinzip des Eigen-Gewahrseins zurück. Das ist die zentrale Botschaft der nächsten Kapitel, denn dieses Verständnis kann nicht erschüttert werden – solange wir uns darüber bewusst sind.

Manche Leute überrascht es, dass ich mich für einen buddhistischen Weg entschieden habe. Daher möchte ich dir gern ein bisschen mehr über diesen Weg erzählen.

Was ist ein buddhistischer Mönch?

Gemeinhin heißt es, Mönche müssten still, diszipliniert und frei von allen Wünschen sein, in einem Tempel singen und asketisch leben. Als ich daher anfangs in der medialen Öffentlichkeit erschien, sah ich auch kritische Kommentare in Social Media: »Jemand, der Make-up trägt und sich so ausstaffiert, ist kein echter Mönch.« Und doch bin ich einer. Ich habe die Ausbildung zum Mönch gemacht, alle Prüfungen bestanden und bin offiziell zum Mönch geweiht. Ich trage die Mönchsrobe, habe gelernt, Gebete zu rezitieren, und bin berechtigt, mich als buddhistischen Mönch zu bezeichnen. Das ist eine Tatsache. Ein Mönch ist jemand, der in den Orden aufgenommen worden ist und Regeln erhalten hat, die er befolgen muss.

Was heißt es, buddhistischer Mönch zu sein? Was ist der eigentliche Zweck des Mönchseins? Ich betrachte einen Mönch als jemanden, der versucht, die buddhistischen Lehren mit anderen zu teilen. Ganz genauso, wie Lehrer nicht immer in allen Schulfächern perfekt sind, gilt dasselbe auch für buddhistische Mönche. Ob jemand ein perfekter Mönch ist oder nicht, können wir nicht beurteilen.

Mir scheint, dass das Verständnis davon, was es bedeutet, Mönch zu sein, häufig sehr begrenzt ist. Für mich ist ein Mönch jemand, der auf ausgewogene Weise zu leben versucht und Harmonie in die Welt bringen möchte. In diesem Sinne würde ich gern ausführen, wie die Geschichte und bestimmte buddhistische Schulen Diversität fördern.

Lasst uns, ganz egal, woran wir glauben, unser Verständnis erweitern und die Diversität feiern.

Buddha bedeutet »Der Erwachte« und versteht sich eher als Adjektiv und nicht als konkrete Person. Viele Buddha-Versionen existieren nur in Form von Geschichten in den Sutras, den antiken Schriften oder Lehrsätzen. Allerdings gründete ein realer Mensch namens Siddhartha Gautama im 4. bis 5. Jahrhundert vor unserer Zeitrechnung den Buddhismus.

Siddhartha stammte aus einer aristokratischen Familie im alten Indien, gab für die Suche nach Erleuchtung jedoch sein privilegiertes Leben auf. Als er diese nach vielen Jahren fand, nahm er Schüler an, und es bildete sich eine Gruppe von Anhängern. Nach seinem Tod erstellten sie Bücher mit seinen Lehren, die sie in Form von Geschichten erzählten. Es gibt auch Geschichten über die Fehler, die die Schüler machten; später führten sie zu einer Liste von Regeln. Mit der Zeit wurden viele weitere Sutras im Geiste Siddharthas geschrieben, manche davon später auch in China. Über die Jahrhunderte machte der Buddhismus eine spektakuläre Entwicklung durch. Heute gibt es viele solche buddhistischen Lehrsätze, und jede Schule sucht sich aus dem Fundus die passenden Sutras und Regeln heraus.

Die buddhistische Schule, bei der ich gelernt habe, nennt sich Jodo-shu, »Schule des Reinen Landes«. Sie wurde im 12. Jahrhundert von dem Mönch Honen in Japan gegründet. In der ersten Zeit profitierten nur die Wohlhabenden von den buddhistischen Lehren, das gewöhnliche Volk blieb außen vor. Basierten die Lehren ursprünglich vor allem auf Anekdoten über die Weisheit, die nötig ist, um ein harmonisches, von Leid befreites Leben zu leben, machte diese Schule später bekannt, dass alle Menschen Befreiung erfahren können, und erfuhr breiten Zuspruch. So haben die buddhistischen Praktiken ihren Fokus verändert. Was ich an der Schule des Reinen Landes besonders mag, ist, dass sie in dem ursprünglichen Buddhismus wurzelt, der akzeptierend und inklusiv ist.

●

Was Buddhismus für mich bedeutet

Für mich geht es im Buddhismus nicht darum, an etwas zu glauben, sondern darum, etwas zu tun. Er ist eigentlich keine Religion, sondern eine Lebensweise und besteht aus einer Reihe von Lebenslektionen, die uns die Möglichkeit schenken, unser Herz ins Gleichgewicht zu bringen.

Einer der Gründe, aus denen ich den Buddhismus so bewundere, ist, dass er trotz seines Alters Ja sagt zur Diversität und dazu, dass wir unser wahres Selbst leben. Warum sollen wir solche Lehren also nicht nutzen, um unser Leben heute aufzuwerten und glücklich zu sein?

Ich bin eher spirituell als religiös und schätze logisch nachvollziehbare Lehren, die Sinn für mich ergeben, anstatt blind alten buddhistischen Geschichten Folge zu leisten. Ich studiere den Buddhismus lieber, um seine Absichten zu verstehen, anstatt mich auf einzelne Beispiele zu konzentrieren, die uns irgendwelche Grundwerte erklären wollen.

Manche Menschen betrachten den Buddhismus sogar als »Wissenschaft«, die die universellen Naturgesetze auslotet. Da der Buddhismus aus einer Reihe von Lebenslektionen besteht, möchte ich nicht nur tun, was darin gesagt wird, sondern es mit dem Gründer meiner Schule halten und einen Zugang bieten, der in der heutigen Zeit wichtig und notwendig ist, dessen Ziel sich aber von damals nicht unterscheidet: nämlich Menschen zu helfen. Ich mache hier keine Reklame für den Buddhismus, sondern möchte ihn einfach nur vorstellen, vor allem in Zusammenhang damit, wie er meine eigene Existenz geformt hat. Wenn du den buddhistischen Weg selbst eingehend studieren möchtest, empfehle ich dir, noch andere Bücher über die Geschichte des Buddhismus und seine Lehren zu lesen.

Für mich sind es auch zwei Paar Schuhe, ob ich religiös oder spirituell bin. Du kannst nichtreligiös und sehr spirituell sein. Du kannst an dein ganz eigenes Denken glauben oder Vertrauen in es haben, und das genügt dir. Ich würde Religionen grundsätzlich nicht kritisieren und sie auch nicht miteinander vergleichen, denn Religion ist etwas, womit du lebst, und ich würde nie etwas kleinreden wollen, woran andere Menschen glauben. Ich möchte niemanden zum Buddhismus bekehren. Ich glaube nur, wir alle können Einsichten aus dem Buddhismus ziehen, die unseren Horizont erweitern, auch wenn wir einer anderen Religion angehören. Der Buddhismus ist entstanden, um Menschen zu helfen, und ich möchte, dass er mich nicht einschränkt, sondern mich dabei unterstützt, meine Grenzen zu sprengen.

Ich bin glücklich, wenn ich meinen eigenen Weg gehen und die Freude mit dir teilen kann.

Was ist wichtig für dich?

Wichtig im Leben ist nicht, was andere denken, sondern dein wahres Ich, so wie du es empfindest. Vertrauensvoll zu erkennen, was für ein Mensch du bist, ist der grundlegende erste Schritt auf deinem Weg in die Eigenkontrolle über dein Leben als dein wahres Selbst. Du wirst dich nie wirklich selbst meistern können, wenn du nicht tief in dich hineinhorchst. Es geht darum zu lernen, wie du denkst und wie dein Körper agiert. Es geht darum, nicht andere über dein Leben bestimmen zu lassen, sondern dir dein eigenes Handbuch zu erstellen: »Wie ich wirksam lebe.« Ich denke, wir sollten uns unseren Komplexen und Schwächen stellen, damit wir verstehen, warum wir sie haben. Denn sie anzuerkennen, kann uns nur stärken.

Als Person, die sich zu Männern hingezogen fühlt, sah ich mich von früher Kindheit an als jemanden, der Diskriminierung erfahren und von der Gesellschaft verspottet werden würde. Ich kenne den steinigen Pfad zu dem sicheren Ort, von dem aus du sagen kannst: »Es ist in Ordnung, als mein echtes Ich zu leben.« Ich bin den Weg von einem furchtsamen Leben in farblosen Gassen hin zu einer stets bunter werdenden Welt gegangen, die ich ehrlich und stolz bewohne!

●

»Alle anderen« gibt es eigentlich nicht

Weil ich Männer mag, dachte ich, etwas wäre schändlich an mir. Daran glaubte ich so fest, dass ich mein wahres Ich lange verborgen hielt. Wenn du dich selbst verleugnest, lebst du mit ständigen Schuldgefühlen und fühlst dich nie irgendwo willkommen. Das war sehr, sehr schwer für mich.

Ich wünschte, ich wäre als Kind jemandem begegnet, der stolz als LGBTQIA* lebte, um zu sehen, dass nichts verkehrt daran war, ich zu sein. Dann hätte ich nicht so viel Schmerz erfahren. Das ist das Traurige am Nichtwissen.

Als Kind akzeptierte ich, dass mich die Leute als minderwertig behandelten. Ich hatte keine Wahl und musste eine Welt hinnehmen, in der Menschen als »Schwuchtel« oder »Homo« bezeichnet und gemobbt werden. Automatisch war auch ich überzeugt davon: *Wenn alle so denken, muss es ja stimmen.*

Aber innerlich akzeptierte ich es, ehrlich gesagt, nicht. Ich kritisierte mich und stellte mir die Frage: *Warum passiert mir das, wenn ich doch gar kein schlechter Mensch bin?* Aber dann wunderte ich mich nicht mehr und dachte nur: *Sie würden es ja sowieso nicht verstehen.*

Die Wahrheit ist, dass wir alle selbst entscheiden, wie wir persönlich unser Leben leben wollen.

Ich wollte nicht aufgeben, an ein Leben als mein wahres Ich zu glauben. Zumindest teilweise wählte ich den Weg, mit Stolz zu leben und daran zu glauben, dass LGBTQIA* zu sein keine Schande ist und wir nicht minderwertig sind.

Ich bin sehr froh, dass mir das gelungen ist. »Was alle denken« über dein Leben bestimmen zu lassen, ist nicht gerade vielversprechend. Denn hätten diese »alle« mir etwa geholfen, wenn mein Lebensweg nicht erfolgreich gewesen wäre? Oder hätte es irgendetwas geändert, wenn ich mich gegenüber diesen anonymen »allen« beschwert hätte?

Ich weiß, dass ich vorsichtig mit Wörtern wie »alle«, »normal« oder »konventionell« umgehen muss. Ich verwende sie nicht so ohne Weiteres. Dieses »alle«, von dem immer die Rede ist, gibt es eigentlich gar nicht. Die Wörter »normal« und »konventionell« sind einfach nur ein Maß für den Horizont des

Sprechers oder der Sprecherin. Wenn du die Welt bereist hast und vielen Menschen begegnet bist, ist dir klar, dass es so etwas wie »normal« oder »konventionell« überhaupt nicht gibt.

Niemand weiß alles über alles oder über jeden und jede. Ebenso wenig können wir je voll und ganz verstehen, was andere Menschen denken. Dieses Leben könnte auch einfach bloß eine Illusion sein. Das Einzige, was ich wirklich kenne, sind meine Gefühle. Warum also sollten wir nicht sie als Kompass für unser Leben nutzen, da sie als Einziges so gewiss sind?

●

Hör nicht auf das, was andere sagen.
Hör auf das, was dein Herz dir sagt

Während meiner Mönchsausbildung fragte mich jemand: »Wie kannst du jemanden davon überzeugen, an den Buddha zu glauben, wenn du selbst nicht dran glaubst?«

Du hast recht, dachte ich. Wenn wir wirklich tief im Innern an etwas glauben, zeigt sich das in unseren Worten und in unserem Ausdruck. Worte, die aus einer Überzeugung erwachsen, haben die Kraft, Herzen zu bewegen.

Die Menschen werden dir nur Glauben schenken, wenn du absolut überzeugt bist. Hast du auch nur einen Hauch von Angst oder Zweifel, werden die Leute genau diesen schwarzen Punkt auf weißem Papier ausmachen und auf ihn zeigen.

Es war Ángela Ponce, die spanische Vertreterin beim Wettbewerb um die Miss Universe 2018, die mir beibrachte, welche Kraft es hat, öffentlich zu verkünden: »Das bin ich.« Sie war die erste trans Frau, die seit Beginn des Wettbewerbs im Jahr 1952 daran teilnahm.

Obwohl Ángela weltweit Schlagzeilen machte, war sie dennoch Kritiken ausgesetzt. Leute sagten Sachen wie: »Sie wird der Tradition von Miss Universe schaden« oder »Sie sollte an einem Transgender-Schönheitswettbewerb teilnehmen«. Ángela hatte darauf immer nur eine einfache kraftvolle Antwort: »*Soy una mujer.*« »Ich bin eine Frau.«

Ich machte beim Wettbewerb das Make-up und unterhielt mich mit Ángela auf Spanisch. »Ich habe immer davon geträumt, selbst hier teilnehmen zu können. Aber wegen meinem Geschlecht habe ich das irgendwann aufgegeben«, sagte ich. »Dich hier zu sehen, macht mich dafür umso glücklicher. Es ist, als wären meine eigenen Träume wahr geworden!«

Lächelnd antwortete sie: »Ich war schon immer eine Frau. Mein Körper hat sich meiner Seele angepasst, und ich bin eine Frau. Das Wort ›Frau‹ gilt nicht nur für eine bestimmte Form. Es gibt jede Menge Arten von Frauen: unterschiedliche Ethnien, Körperformen, Gesundheitsniveaus und Hintergründe. Ich bin zufällig eine trans Frau. Das Problem ist nicht, dass ich eine trans Frau bin, sondern dass die Gesellschaft über Diversität nicht ausreichend aufgeklärt ist.«

Da spürte ich, dass wir keine Bestätigung von anderen brauchen, damit wir sein können, wer wir sind. Und schon gar nicht von Menschen, die uns nicht kennen.

Ángela hat mich gelehrt: »Wenn jemand die eigene Wahrheit voller Überzeugung ausspricht, verliert die Kritik anderer ihre Macht.« Bevor man der Welt gegenüber verkündet: »Das bin ich!«, muss man sich sehr sicher sein, dass man wirklich so weit ist. Denn sich hinzustellen und eine solche Erklärung abzugeben, kann sehr beängstigend sein. Ich wünsche uns allen die Kraft, unsere Wahrheit auszusprechen. Möge sie dann von allen respektiert werden.

Als trans Frau hat Ángela Ponce beim Wettbewerb um den Titel Miss Universe Geschichte geschrieben. Sie hat zwar nicht die Top 16 erreicht, bekam aber am Ende des Wettbewerbs einen Extra-Auftritt, während zugleich über Band ihre Botschaft ablief. Als ich sie so selbstbewusst über den Laufsteg laufen sah, liefen mir vor Rührung die Tränen übers Gesicht, denn ich sah mich in ihr.

Was mich vor allem glücklich machte, war die Tatsache, dass die Wettbewerbsorganisation sich entschlossen hatte, sie auftreten zu lassen.

Mir wurde klar, dass Führungskräfte von Organisationen in vielen verschiedenen Teilen der Welt an Gleichheit und Wahrhaftigkeit glaubten, und das machte mir Mut.

Aber Ángela wurde kritisiert, obwohl sie den spanischen Wettbewerb gewonnen hatte und zur Vertreterin ihres Landes gewählt worden war. Das ist so traurig. Wenn ich darüber nachdenke, woher diese Aggression kommt, bin ich mir sicher, dass es an der Tradition und den Gebräuchen mit ihren »gesichtslosen Werten« liegt.

Wenn eine konkrete Person kritisiert und beschuldigt wird, beruht das meist auf substanzlosen Dingen wie historischen, kulturellen und traditionellen Werten – und auf der sogenannten Konvention. Aber findest du es nicht auch traurig, dass wir so viel Angst haben, den »Schein« aufrechterhalten und uns über konventionelle Werte Sorgen machen – also über Dinge, die in anderen Kulturen völlig anders sein können? Findest du es nicht traurig, wenn du nicht so leben kannst, wie du wirklich bist?

Stell Leuten diese Frage, und ich bin sicher, dass die Antwort bei vielen lauten würde: »Du hast recht!« Und trotzdem verstehe ich es, dass manche nicht entsprechend handeln, auch wenn sie es vielleicht rational verstehen. Denn lange war ich einer von ihnen. Ich hatte Angst davor, was die Leute sagen und wie sie reagieren würden. Ich konnte nicht zugeben, dass ich homosexuell bin. Ohne die Erfahrung, Menschen begegnet zu sein, die mich mit Worten ermutigten wie: »Das ist okay, wirklich!«, würde ich auch heute noch mein wahres Ich verstecken und in Angst leben. Um ehrlich zu sein, gibt es noch immer Zeiten, in denen ich Angst habe. Aber an solchen Tagen rede ich mir selbst Mut zu: »Es ist okay, wirklich!«

Wenn du das Steuer in die Hand nehmen, dein Leben selbst bestimmen und dich mit Selbstliebe an einen Ort aufmachen willst, den du liebst, dann musst du herausfinden, was dich eigentlich behindert, und dich selbst befreien. Hat jemand anders die Kontrolle über dein Leben übernommen? Wie kannst du sie zurückgewinnen?

●

Befreie dich von der Vergangenheit

Ich versuchte, mich an die Wurzeln meines Traumas zu erinnern. Wie war ich überhaupt dazu gekommen, mich meiner selbst und meiner Sexualität zu schämen? In dem Augenblick, in dem ich die wahre Ursache entdeckte, verschwand das Trauma.

Erst im Alter von 24 Jahren schaffte ich es, mich vor meinen Eltern zu outen. Sie studierten in Deutschland und sprechen Englisch und Deutsch. Sie treffen häufig Menschen aus dem Ausland und neigen nicht zu Vorurteilen. Wie schon erwähnt, besitzt mein Vater außerdem eingehende Kenntnisse über die buddhistische Geschichte und hat an der Universität Sutras auf Chinesisch, Sanskrit und Pali unterrichtet. Auch mich hat er unterrichtet, als ich den Buddhismus studierte. Aber selbst diesen Eltern traute ich mich nicht zu sagen, dass ich homosexuell war.

Erinnerungen aus der Kindheit hielten mich zurück. Als ich vier oder fünf war, kaufte mir eine meiner Cousinen zweiten Grades, die älter war als ich, ein bisschen Regenbogen-Nagellack. Ich bemalte meine Nägel damit und bewunderte ihr Glitzern. Ich war so glücklich. Aber meine Mama sagte: »Ich möchte nicht, dass du dann als Erwachsener ›solche‹ Sachen machst.« Das war nicht die Reaktion, auf die ich gehofft hatte. Mein Kinderverstand dachte: *Mama mag es nicht, wenn ich Mädchensachen mache.*

Und als ich eines Tages mit meinem Vater in der Asakusa-Gegend von Tokio unterwegs war, kam uns jemand entgegen, der transgender war – damals nannten die Leute es noch in abfälligem Tonfall »Transvestit«. Mein Vater flüsterte mir ins Ohr: »Das da ist ein Mann.« Es kam mir so vor, als würde er mir ein Geheimnis verraten, und ich interpretierte es als: »Für Männer gehört es sich nicht, sich als Frau zu verkleiden.«

Später einmal sagte er auch: »Wenn man einen Tempel leiten will, braucht man eine Ehefrau, die sich um vieles kümmern kann.« Ich erinnere mich noch, wie ich dachte: *Erwartet er etwa von mir, dass ich heirate? Das wird nie passieren.*

Ich denke, wir alle haben uns in der Kindheit durch manche beiläufigen Kommentare verletzt gefühlt, und wir wollen nicht, dass unsere Eltern uns nicht mögen. Dieser psychologische Druck hinderte mich daran, irgendwem zu sagen: »Schau, ich bin ein Mädchen!« Stattdessen dachte ich: *Ich mag Jungs und werde wahrscheinlich Diskriminierung erleben.*

Erst viel später begriff ich, dass ich die Worte meines Vaters und meiner Mutter missverstanden hatte. Aber wer weiß schon, welche Ereignisse uns dazu bringen, unser wahres Selbst zu verstecken?

Vielleicht ist dir dasselbe passiert. Das ist nur natürlich, wenn du nicht die Person sein kannst, die du bist. Und traumatische Erlebnisse verschwinden nicht so leicht aus unserer Erinnerung. Ich beschloss, diese Schwierigkeit zwischen meinen Eltern und mir ein für alle Mal aus dem Weg zu räumen. Einige Jahre nachdem ich mich vor ihnen geoutet hatte, fragte ich sie also, warum sie diese Dinge zu mir gesagt hatten.

Hier die Antwort meiner Mutter: »Ich mag keinen Nagellack, weil die Nägel dann nicht atmen können. Ich fand Nagellack schlecht für deine Gesundheit. Habe ich dir nicht meinen Rock gegeben, als du im Kindergarten warst? Ich habe dir nie gesagt, Röcke anzuziehen, sei etwas Schlechtes.«

Als sie das sagte, dachte ich: *Sie hat recht! Eines der Fotos von mir als Kind zeigt mich im Rock meiner Mutter und mit einem fuchsienfarbigen* furoshiki *– einem Einschlagtuch – um den Kopf, als hätte ich lange Haare. Das ist der Beweis.*

Und ich erfuhr, dass mein Vater mit seinem Satz »Das da ist ein Mann« gar keine Hintergedanken hatte. Er kommentierte einfach nur die Tatsache, dass es sich um eine trans Frau handelte. Da Menschen wie sie allerdings in der japanischen Gesellschaft absolut nicht positiv konnotiert waren, habe ich deshalb womöglich jede eigene Lust, so zu leben wie sie, im Keim erstickt. Wäre die Gesellschaft verständnisvoll und offen gewesen, hätten die Dinge vielleicht anders gelegen. Transphobie macht mir auch heute noch Angst, der zu sein, der ich bin. Ich möchte nicht, dass andere negativ auf mich reagieren, ich will auch kein Opfer von Gewalt sein. Bislang fühle ich mich in meinem Körper wohl, aber ich wäre auch glücklich, wenn ich morgen mit einem weiblichen Körper aufwachen würde.

Jedenfalls lösten sich die Missverständnisse zwischen meinen Eltern und mir in Luft auf. Denn um nichts anderes handelte es sich: um Missverständnisse. Damals allerdings erlebte ich es mit Sicherheit anders.

Als ich in Japan aufwuchs und später in den USA lebte, graute mir davor, meine Eltern könnten von anderen erfahren, dass ich nicht heterosexuell war. Ich hatte Angst, sie würden mich als Sohn verstoßen, wenn sie herausfanden, dass ich homosexuell war. Daher hielt ich es sogar vor engen Freund*innen geheim. Ich vertraute keiner Menschenseele.

Wenn du nicht in der Lage bist, über den innersten Kern deiner Identität zu reden, kannst du auch nicht dein wahres Selbst sein. Ist es nicht unfair, sich selbst nicht akzeptieren zu können, bloß weil man anders ist als die anderen? Letztlich glaube ich, dass wir unser Herz nur dann befreien werden, wenn wir jemanden finden, dem gegenüber wir unser wahres Ich zeigen und dem wir unsere Geschichten erzählen können. Dann fällt es uns leichter, uns freizusetzen.

Natürlich ist es nicht für jeden und jede möglich, den Menschen in ihrem Umfeld zu sagen, wer sie wirklich sind. Aber ich glaube, dass es die Dinge erleichtert, wenn du dich jemandem anvertraust, der es verstehen könnte. Es gibt keine Regel, wem oder wann du es am besten erzählst. Aber wenn du bereit bist und dich dazu entschließt, möchte ich dich in deinem Mut bestärken. Und denk dran: Selbst wenn dein Umfeld dich nicht verstehen sollte – deine Seelenfamilie und Seelenfreund*innen kannst du dir selbst aussuchen.

Die ersehnte Veränderung wird in dem Moment eintreten, in dem du dich entscheidest, dein wahres Selbst zu leben.

Menschen ändern sich nicht so leicht. Aber wenn du wegrennst oder aufgibst, wird sich garantiert nie etwas ändern.

Unterscheide deine Gefühle von denen anderer

Nachdem ich meinen Eltern von meiner Homosexualität erzählt hatte, wurde vieles leichter, auch wenn sich mein Vater sicherlich anfangs etwas Sorgen machte, wie die Tempelgemeinde reagieren würde. Zur selben Zeit zeigte ich im nationalen japanischen Fernsehen Make-up-Tricks für Menschen, die es mit Krankheit zu tun hatten oder sich im Übergang zur trans Frau befanden. Während des Programms outete ich mich auch öffentlich und bekannte, ich hätte Schwierigkeiten mit meiner eigenen Sexualität gehabt.

Danach schrieb mir jemand einen Brief darüber, wie berührt er gewesen sei, mich im Fernsehen zu sehen. Später bat man mich, auch vor Mönchen der Schule des Reinen Landes Vorträge zu halten, und auch hier erhielt ich positives Feedback. Mein Vater war also schließlich halbwegs beruhigt.

Online dagegen las ich kritische Kommentare wie: »Du bist gar kein echter Mönch. Schau dir doch die Thai-Mönche an!« Manche Kommentare waren so daneben, dass ich am liebsten spontan geantwortet hätte: »Was weißt du eigentlich vom Buddhismus?« Aber dann hielt ich inne und fragte mich: *Warum würde jemand überhaupt so was sagen?* Die Leute äußerten sich ja nur auf der Grundlage dessen, was sie wussten. Sie mussten also nicht unbedingt recht haben.

Wir können nicht kontrollieren, was andere denken, aber wir können versuchen, sie zu verstehen.

Hier mal etwas Romantisches: Während meiner Mönchsausbildung begegnete ich einem anderen Schüler, der mir sagte, er hätte einen Mann geliebt. Ich dachte mir: *Wow, der könnte bisexuell sein!* Wir verstanden uns richtig gut, und ich fing an, ihn wirklich zu mögen. Als ich ihm sagte, dass ich Gefühle für ihn entwickelt hätte, antwortete er, er würde mich aber nur als Freund sehen. Trotzdem fragte er mich, ob ich ihn nach Vietnam und Thailand begleiten würde. Er sagte, er wisse zwar nicht, wie sich seine Gefühle entwickeln würden, aber er wolle gerne Zeit mit mir verbringen.

Es war sein Traum, Regisseur zu werden, aber seine Eltern wollten, dass er das Familienerbe mit dem Tempel und der daneben gelegenen Akupunkturklinik antrat, die sein Vater als Mönch ebenfalls leitete. Wahrscheinlich hoffte er, dass ich seine Eltern überzeugen würde, ihn bei seinem Traum zu unterstützen. Ich tat alles, um ihm zu helfen, indem ich sorgfältig ausgesuchte Geschenke für sie mitbrachte, den Tempel wischte, die Blätter im Garten zusammenrechte und das Geschirr wusch, gemeinsam mit ihnen Zeremonien abhielt und auf diese Weise zeigte, dass ich ein guter Mönch sein kann, wenn ich tue, was ich liebe, und bin, wer ich bin.

Vermutlich wussten seine Eltern nichts über seine sexuelle Ausrichtung. Als ich erwähnte, dass mein Freund in den USA studieren wollte, hoben sie nur die Augenbrauen. Sie fragten mich: »Deine Eltern sind doch auch buddhistische Priester, oder? Haben sie gesagt, dass du mit deiner Zukunft machen kannst, was du willst? Wie haben sie dich denn erzogen?« Auf ihrer Stirn standen dabei deutlich drei Wörter geschrieben: *Nie im Leben!* Ich wollte beweisen, dass ich in den USA studieren, frei und trotzdem glücklich und erfolgreich sein konnte. Ich wollte bewirken, dass seine Eltern seinen Traum unterstützten, indem ich ihnen zeigte, dass man seine Träume verwirklichen und zugleich ein großartiger Mönch sein kann.

Anfangs nahmen sie mich herzlich auf. Ich durfte mit ihnen in alle möglichen guten Restaurants, zu heißen Quellen und Ortsfesten gehen, wurde der ganzen Familie und den Freunden vorgestellt und kam der gesamten Gemeinschaft sehr nahe. Tagsüber half ich ihnen beim Haushalt und bei den buddhistischen Zeremonien und Veranstaltungen, und abends schauten wir alle zusammen Filme an.

Da ich zu dem Zeitpunkt noch hauptsächlich in den USA lebte, sah ich meinen Freund nur im Sommer, wenn ich in Japan zu Besuch war. Im folgenden Jahr lud er mich wieder zu seiner Familie ein. Ich schloss auch Freundschaft mit einer Nachbarin seiner Mutter, die mir wie eine Cheerleaderin für meinen Freund vorkam, wie jemand, der ihn in dem, was er gern tun wollte, unterstützte.

Eines Tages erzählte die Nachbarin seiner Mutter, ich müsse wohl schwul sein. Wenn ich daran denke, schaudert es mich noch heute, denn die Mutter rastete plötzlich komplett aus. Es war wie im Kino. Sie sah mich mit tödlicher Verachtung an, kritisierte mich für die kleinsten Sachen wie, dass ich meine Essstäbchen nicht auf den Essstäbchenhalter legte (das hatte sie mir vorher nie vorgeworfen). »*Wozu* sind wohl Essstäbchenhalter auf dem Tisch?«, fragte sie mich. Ich erkannte die Angst und Wut in ihren Augen, dass sich womöglich auch ihr Sohn zu Männern hingezogen fühlte. Das schien das Letzte zu sein, was sie wollte. Sie hatte ihren Sohn großgezogen, damit er Mönch wurde und sich später einmal um sie kümmerte. Sie konnte doch nicht zusehen, dass er mit einem Mann zusammen wäre oder gar in einem anderen Land lebte. Niemals!

Alarmglocken schrillten in meinem Kopf. Normalerweise schaute ich abends mit der Familie zusammen einen Film. An diesem Abend aber sagte sie mir, ich solle gleich zu Bett gehen, weil sie in der Familie etwas besprechen müssten. Ich hatte solche Angst. In diesem fremden Tempel und mit dieser Person, die mich so feindselig anstarrte, kam mir die Nacht noch dunkler vor als sonst. Ich konnte nicht mit meinem Freund sprechen, der ein Stockwerk über mir schlief, also schrieb ich ihm eine SMS: »Bitte tu, was immer für dich das Beste ist. Ich kann morgen abreisen. Mach dir also keine Sorgen um mich.«

> »Dass jemand nur getadelt oder nur gelobt wird, gab es nie, gibt es nicht und wird es auch nie geben.«
>
> Dhammapada, 228

Am nächsten Tag stand mein Freund erst mittags auf. Es war mir sehr unangenehm, hinunterzugehen und seine Mutter allein treffen zu müssen. Sie sagte mir: »Mein Sohn wird in diesem Tempel heiraten und eine Familie gründen. Gib also auf. Du warst nett und hast hart gearbeitet. Aber wolltest du uns damit bloß überzeugen, dass Homosexualität akzeptabel ist? Sie ist unnatürlich und auf Lebensmittelzusatzstoffe und Farbstoffe zurückzuführen, die deine Hormone geschädigt haben. Du solltest ein Buch über Makrobiotik lesen!« Sie fügte hinzu: »Deine Mutter muss Lebensmittelzusatzstoffe zu sich genommen haben, weil du homosexuell zur Welt gekommen bist.«

Ich war so schockiert, dass ich noch nicht einmal Wut empfand. Ich verstand nicht, wie diese Person so mit mir sprechen konnte. Später kam mein Freund die Treppe herunter, und ich fragte ihn, worüber sie am Abend geredet hätten. Er sagte, seine Mutter habe erfahren, dass ich homosexuell sei, und behauptet, das sei gegen das Naturgesetz. Er habe versucht, mich zu verteidigen, und ihr gesagt, sie würde sich täuschen, konnte es ihr aber nicht erklären oder sie überzeugen. Er kam mir völlig verloren und hilflos vor.

Schließlich sagte er: »Für mich bist du nur ein Freund. Daher danke ich dir für die letzten zwei Jahre, die wir miteinander verbracht haben.«

Ich dachte, wenn ich jetzt emotional würde und mit ihm zu streiten anfinge, hätte seine Mutter gewonnen. Wäre ich wütend geworden, hätte es so ausgesehen, als wäre ich wirklich irgendwie krank und kaputt. Daher beließ ich es bei einem »Danke für alles, was du mich gelehrt hast«.

Sein Vater gab mir 30 000 Yen, was ungefähr 300 Dollar entspricht. Das sei vom Tempel für meine Putzarbeiten und die Teilnahme an den buddhistischen Zeremonien. Ich lehnte das Geld ab.

Er sagte: »Na gut, dann ist es fürs Flugzeug.«

Ich bedankte mich kurz und knapp und fuhr alleine davon.

Auf meinem Weg zum Bahnhof rief ich weinend meine Mutter an, die mir sofort einen Flug von Kyushu nach Tokio buchte.

Ich war so wütend wie nie zuvor. Noch nie war mir so viel Hass wegen meiner Sexualität entgegengeschlagen, und schließlich hatte mich doch mein Freund zwei Jahre hintereinander gebeten, mit ihm zu kommen – selbst nachdem ich ihm gestanden hatte, dass ich mich in ihn verliebt hatte. Was hatte ich falsch gemacht, dass ich es verdiente, so behandelt zu werden, dass man mir sagte, ich würde sowohl die Natur als auch meine Familie verraten?

Später las ich das Buch über Makrobiotik, das mir die Mutter meines Freundes empfohlen hatte. Darin wird Homosexualität als abnormal beschrieben und behauptet, dass man sich zu Tieren und zu Menschen desselben Geschlechts hingezogen fühlt, wenn Yin und Yang im Körper aus der Balance geraten.

Über viele Monate fragte ich mich: *Warum ist sie mir so böse? Warum hat sie diese Sachen gesagt?* Die Wut überwältigte mich, mein Ekzem explodierte, und ich hasste mich nur umso mehr. Ich war extrem depressiv, und mein Herz lächelte nicht mehr. Ich dachte an finsterste Rache, aber davon ging es mir nur noch schlechter. Um besser zu verstehen, was passiert war, fing ich an, meine Gedanken aufzuschreiben.

»In Felsspalten und Schluchten ergießen sich unter lautem Getöse die Bäche; die großen Flüsse dagegen fließen still dahin. Hohles macht viel Lärm, Volles dagegen ist immer still und leise.«

Sutta-nipata, 720

Schließlich erkannte ich, dass sich die Mutter meines Freundes vermutlich in dem Tempel gefangen fühlte und man ein bestimmtes Verhalten von ihr erwartete. Sie hatte einfach ihr Leid auf mich projiziert. Als ihr Sohn geboren wurde, hatte sie anscheinend nicht gewollt, dass er Mönch würde. Aber auf Druck der Großeltern hatte sie sich umkrempeln lassen und ihr Leben der Aufgabe gewidmet, ihn als Tempelerben großzuziehen. Man brachte ihr bei, Mönchsroben zu nähen, und wies sie an, die Gäste im Tempel zu bedienen. Sie durfte nicht reisen und nicht einmal an Aktivitäten außerhalb des Tempelreviers teilnehmen. Ich erinnerte mich, dass man ihr erst kürzlich erlaubt hatte, in der Gemeinde ehrenamtlich Kinder bei Sport, Tanz und Spiel in der Natur zu fördern. Sie war buchstäblich im Tempel gefangen und muss einsam und frustriert gewesen sein. Endlich begriff ich, dass sie die eigentlich Traurige und Wütende war. Wie konnte sie also jemand anderem erlauben, frei und glücklich zu sein, zu kommen und zu gehen, wie es ihm passte?

Am Ende war es mir möglich, meine Wut gehen zu lassen. Ich weiß, dass ich bewusst und talentiert bin. Ich werde geliebt und bin frei.

Ich hörte auf, wütend auf Menschen zu sein, die nicht glücklich sind, denn ich lebe nicht ihr Leben. Wenn du negati-

»Genau wie sich
Staub bei Regen setzt,
kann sich auch Leid
durch Weisheit setzen.«

Udanavarga, 12:2

ve Gefühle anderer erfährst, kannst auch du negative Gefühle entwickeln. Mir wurde aber klar, dass wir die Gefühle anderer nicht übernehmen müssen. Wir können Mitgefühl für sie empfinden und ihnen, falls möglich, helfen. Denn häufig verstecken auch diese Menschen ihre Verletzlichkeiten.

Es geht also eigentlich darum, sich die Ursachen der eigenen Gefühle anzuschauen.

Manchmal kann Wut etwas verändern, sie muss nicht unbedingt etwas Schlechtes sein. Ständige Wut ist aber auf keinen Fall gesund. Ich würde sie als Motivation für eine positive Veränderung nutzen und darauf achten, sie nicht zu lange in mir köcheln zu lassen.

> »Besiege Zorn durch Nachsicht.
> Tu Gutes und überwinde das Böse.
> Ersetze Geiz durch Großzügigkeit
> und Lügen durch die Wahrheit.«
>
> Dhammapada, 223

Warum empfindest du so und nicht anders?

Wenn dich jemand verärgert, dann nur, weil dir der- oder diejenige wichtig ist.

Ich habe mich mit meiner Sexualität gequält und gelernt, sie wertzuschätzen. Außerdem sind mir meine Eltern sehr wichtig. Sie haben mir gesagt, dass ich tun soll, was ich liebe, und leben, wo immer ich will. Ich werde böse, wenn etwas, das mir wichtig ist, zu Unrecht beleidigt wird.

Ich glaube, dass Wut als Gefühl ihre Ursache in uns selbst

hat. Der Buddhismus lehrt, dass die Wut aus der Idee entspringt, dass »ich recht habe«, und dass die drei Gifte von Unwissenheit, Wut und Gier die Hauptursachen für menschliches Leid sind. Wir können danach streben, sie zu überwinden, indem wir in Harmonie mit dem Edlen Achtfachen Pfad leben (siehe Kapitel »Finde deinen Weg«).

Es ist schwer, jemandem zu helfen, wenn wir wütend sind, und doch werden wir als Menschen vermutlich nie ganz frei von diesen drei Giften sein. Andererseits können sie uns auch motivieren, uns zu bessern. Wut und Hass können uns ermutigen, unsere Gefühle besser unter Kontrolle zu bekommen und uns Alternativen vorzustellen. Unwissenheit und Täuschung können uns dazu inspirieren, genauer zu untersuchen, was wir nicht wissen.

Manchmal kommt unsere Wut auch daher, dass wir nicht ganz ehrlich zu uns selbst sind. Und die Wahrheit ist, dass wir nicht immer recht haben. Neulich war ich zum Beispiel ungeduldig mit jemandem und dachte: *Was redet dieser Mensch so lange.* Als ich dann überlegte, warum mich das so irritierte (und ich denke überhaupt nicht immer so über diese Person), wurde mir klar, dass ich so zappelig war, weil ich auf die Toilette musste! Bloß weil ich aufs Klo musste und mir das nicht zugestehen wollte, wurde ich böse und gab dem anderen die Schuld.

Wenn du etwas über dich ergehen lässt oder leidest, hörst du nicht wirklich auf dich selbst. Und da du auch nicht sagen kannst, warum du das tust, kann leicht Wut aufsteigen. Schließlich ist es einfacher, anderen die Schuld zu geben. Genau wie die Frau, die sich nicht von ihrem eigenen Leid befreien konnte und ihre Wut auf mich projizierte.

Manche Leute sind komplett in den Regeln ihrer Familie oder Gemeinschaft gefangen. Andere müssen studieren, als gebe es keine andere Möglichkeit. Es ist verständlich, dass Menschen, die mit ihrem Leben nicht zufrieden sind, wütend werden und sagen: »Das ist doch gar kein Mönch!«, wenn sie mich mit meinen High Heels und meinem Make-up sehen. Denn würden diese Leute akzeptieren, wer ich bin, müssten sie vermutlich anfangen, über sich nachzudenken: *Was sind denn eigentlich meine Werte?* Auf Unbekanntes mit Unbehagen zu reagieren, ist nur natürlich. Früher sagte mir mein Vater zum Beispiel, ich solle keine roten Hosen tragen, sie seien zu laut. Ein andermal sagte er mir, ich solle keine Sonnenbrille aufsetzen, weil man mich sonst womöglich mit den Yakuza (der japanischen Mafia) assoziieren würde. Ich dachte: *Jetzt komm schon! Das ist doch kein Ding!*, aber in gewisser Weise hatte er recht. Als Japan den Zweiten Weltkrieg verlor, waren viele Japaner arm. Um wieder ein Solidaritätsgefühl aufzubauen, hielten sich die meisten Menschen zurück, wenn sie wohlhabend waren, und verreisten auch nicht. Heute ist diese Bescheidenheit allerdings ein Wert, der uns hindern kann, Chancen wahrzunehmen oder uns in unserer Einzigartigkeit zu zeigen.

Das japanische Wort für Geduld/Erdulden – 我慢 (*gaman*) – ist eigentlich ein buddhistischer Begriff. Heutzutage versteht man eher darunter, dass man Dinge aushalten muss, aber die buchstäbliche Bedeutung des Wortes ist »egoistischer Stolz«. Buddhistische Lehren warnen uns davor, uns wichtig zu fühlen, eingebildet zu sein und auf andere herabzuschauen. Und Dinge zu erdulden, könnte man tatsächlich auch als Arroganz verstehen. Ich schob meine Gefühle für jemanden ja einmal beiseite und vertat damit meine Zeit. Ich dachte, wenn ich das aushielte, würde er lernen, mich wertzuschätzen. In Wahrheit war ich arrogant, weil ich davon ausging, er würde einsehen, dass »ich recht hatte«. Aber natürlich änderte er sich nicht. Das nahm ich ihm übel, mein Ekzem verschlimmerte sich und ich litt.

Du kannst niemanden verändern; die einzige Person, die du ändern kannst, bist du selbst.

Ich bin sicher, dass noch andere Zeiten kommen werden, in denen ich leide und mehr ertrage, als ich sollte. Aber falls das passiert, möchte ich mich fragen: *Ist es sinnvoll, das hier auszuhalten?*

Lerne, auf dich zu hören

Auch heute noch hält die Welt Durchhaltevermögen und Selbstaufopferung für wunderbare Tugenden. Dabei ist es doch schade um dieses einmalige Leben, wenn es kaum Genuss bietet, dafür aber jede Menge Durchhaltevermögen verlangt! (Womit ich nicht sagen will, dass wir uns mit Genuss überschütten sollten.)

Ich persönlich halte es nicht für falsch, sinnloses Leid zu vermeiden und gut für sich zu sorgen. Es ist okay, Dinge nicht über sich ergehen zu lassen, die eigenen Gefühle nicht zu verbergen und Schwächen zu zeigen. Außerdem ist es okay, das zu tun, was man tun möchte, die eigene Meinung zu äußern und sich über das Leben zu freuen. Wir sollten uns nie schämen müssen, zu sagen, was wir lieben. Niemand hat das Recht, uns zu verweigern, wonach sich unser Herz sehnt.

Vielleicht sagt jetzt jemand: »Gehört es nicht einfach zum Leben, nicht frei zu sein?« Vergiss niemals: Es ist deine Entscheidung, wo du hier und jetzt bist. Und nicht die deiner Eltern, deines Chefs oder deiner Freund*innen. Wenn du nur tust, was andere dir sagen, dann gibst du dein Leben aus der Hand.

Selbstzerstörerisches Denken – das Arroganz und Selbstaufopferung für etwas Gutes hält – kann dich leicht dazu bringen, dir selbst untreu zu werden. Ich finde es gut, wenn man hart arbeitet. Aber du würdest dich wundern, wie oft hinter Gedanken wie »Wenn ich das nur durchstehe« oder »Ich kann jetzt nicht gehen, wenn alle anderen doch so hart arbeiten« ein selbstzerstörerisches Denken steckt.

Die Vorstellung »Alle müssen gleich sein« kann dein Leben tatsächlich einschränken und dir Leid einbringen. Damit du wirklich als die Person leben kannst, die du bist, musst du dich schützen und Grenzen ziehen. Jedes Mal, wenn solche Situationen entstehen, sage ich mir: *Ich muss nicht tun, was man von mir erwartet.* Dann nehme ich all meinen Mut zusammen und bleibe mir treu.

Du musst den Kurs deines Lebens selbst bestimmen.

Verursache dir nicht selber Leid, indem du selbstzerstörerische Gedanken hegst und Dinge erträgst, die du eigentlich gar nicht tun willst! Selbstliebe bedeutet, sich zu schützen. Also kneble dich nicht so sehr, dass du dein eigenes Herz nicht mehr hören kannst.

Schädliche Gedanken abstellen

In der buddhistischen Schule des Reinen Landes verehren wir den Buddha Amitabha, der nach dem physischen Tod des Siddhartha Gautama entstand. Der Amitabha wird in den Mahayana-Sutras eingeführt. Darin heißt es, dass er uns, wenn wir seinen Namen rezitieren, ins Reine Land führt, das wie der

Himmel ist. Dort können wir üben, selbst Buddhas zu sein, um schließlich Erleuchtung zu erlangen und uns von einer erneuten Reinkarnation zu befreien – dem Zyklus der Wiedergeburten, in dem wir nach dem Tod stets von Neuem als Tiere, Menschen oder gar hungrige Geister oder Himmelswesen wiederkehren. Aber wann immer wir unseren Seelenfrieden verlieren, wird es Leid geben. Wir werden uns jedes Mal in den drei Giften Wut, Gier und Unwissenheit verfangen. Deshalb rezitieren wir und beten, dass wir nicht in den Kreislauf des Lebens zurückkehren und weiter leiden müssen.

Beim Meditieren rezitieren meine Mitbrüder und ich *Nam Amida Butsu* (»Ich wende mich Amitabha zu«). Uns wird beigebracht, dass wir, solange wir das ehrlich rezitieren, allesamt auch als einfache Menschen, die ständig Fehler machen, befreit werden können. Das ist nicht-diskriminierend und vergebend. Ich erwarte nicht von dir, dass du den Namen des Buddha rezitierst, weil ich weiß, dass wir alle unsere eigenen Wertvorstellungen haben. Stattdessen möchte ich dir mit einer Übung, die unabhängig vom persönlichen Glauben gemacht werden kann, gern vorstellen, auf welche Weise ich am liebsten Kontakt zu meinem Herzen herstelle.

Meditiere und höre auf dein Herz

Wenn ich Angst habe oder irgendetwas nicht verstehe, stelle ich mir die Frage: »Was denkt jetzt mein Herz?«, und verschließe die Ohren nicht vor der Antwort. Am leichtesten geht das, indem du deine Gedanken, wie sie gerade kommen, auf ein Blatt Papier schreibst. Notiere, was immer dir gerade in den Kopf kommt, als ob direkt dein Herz sprechen würde. Sobald du in der Lage bist, deine Gedanken zu visualisieren, wirst du auch sehen, was dich daran hindert, frei zu sein, oder was dir Schmerz bereitet.

1. Setz dich irgendwo, wo du nicht gestört wirst, an einen Tisch – und schließ die Tür ab, falls nötig!

2. Nimm einen leichtgängigen Stift und ein unbeschriebenes Blatt Papier zur Hand.

3. Schreib die Gedanken auf, wie sie gerade kommen. Zum Beispiel: *Ich hab jetzt diesen Zettel, weiß aber gar nicht, was ich schreiben soll. Na ja, meine Familie fragt, ob ich mit auf diese Reise komme, dabei muss ich mein Buch zu Ende schreiben, also weiß ich nicht, ob ich mitfahren soll. Vielleicht wäre es ja nett, aber das ist jetzt*

eine entscheidende Arbeitsphase, also keine Nachsicht, aber weißt du was? Ich könnte ja vielleicht auch im Hotelzimmer schreiben … Schreib alles auf, was dir gerade durch den Kopf geht, und bleibe im Fluss!

4. Hör auf, sobald du das Gefühl hast, dass es genug ist.

5. Lies dir in Ruhe durch, was du geschrieben hast, und nutze es, um zu analysieren, was gerade in deinem Leben vor sich geht und was dich stört. Damit gewinnst du Abstand und kannst die Lage neu beurteilen.

6. Wiederhole die Übung, sooft du magst. Es gibt hier kein Zuwenig oder Zuviel.

RuPaul hat einmal gesagt, dass Meditation uns ermöglicht, von einem Ufer wegzukommen, an dem ständig unsere Emotionen angespült werden. Wir steigen auf einen Berg und sehen den Fluss aus der Ferne. Von dort können wir die Situation aus einer anderen Perspektive beobachten und klarer sehen. Genau das habe ich gemacht, um meine Wut über die Diskriminierung zu überwinden, die ich wegen meiner Sexualität erfuhr. Und weißt du was? Du brauchst noch nicht mal etwas aufzuschreiben. Wenn es dir lieber ist, deine Gedanken laut auszusprechen oder deinen Freund*innen zu sagen, was du fühlst, geht auch das in Ordnung! Ich mache sowohl das eine wie das andere! Es geht nur darum, dass du ungefiltert aussprichst, was dir im Kopf herumschwirrt. Ist der ganze Wirrwarr erst einmal draußen, kommt auch die Ehrlichkeit hervor.

Finde Selbstakzeptanz

Was brauchen wir für ein in Liebe zu uns selbst gelebtes Leben? Meiner Meinung nach müssen wir Gründe finden, um uns selbst lieben und Selbstvertrauen haben zu können. Der Prozess des Vertrauensaufbaus ist wesentlich, wobei die meisten Leute zu Unrecht denken, Selbstvertrauen wäre dasselbe, wie bestimmte Dinge gut zu können. Selbstvertrauen bedeutet, dass du an dich selbst glaubst. Aber was brauchst du, um an dich selbst glauben zu können?

Ich persönlich denke, dass es darum geht zu wissen, was ich für ein Mensch bin. Ich muss mir bewusst darüber sein, was ich tun kann und was nicht, und auf diese Tatsache vertrauen können. Auf Japanisch wird Selbstvertrauen genauso geschrieben wie der Glaube an sich selbst, 自信 (jishin). Das heißt, dass es nicht darum geht, etwas gut zu können, sondern zu wissen, wer ich als Person bin.

Natürlich ist es wundervoll, selbstsicher zu sein, weil du Sprachen gut sprichst oder gut aussiehst. Aber wenn dann jemand auftaucht, der besser oder schöner ist als du, kommt diese Sicherheit schnell ins Wanken. Der Glaube an deine Fähigkeiten oder an dein gutes Aussehen hilft dir nicht weiter, wenn du niedergeschlagen oder problembeladen bist, oder? Daher halte ich das für nicht besonders stichhaltig, wenn es um den Glauben an sich selbst geht. Mir scheint das Vertrauen darauf, wer wir als Mensch sind, auf unsere Persönlichkeit und unsere Art zu denken kraftvoller, weil sich das auch dann nicht ändern wird, wenn irgendwer den Raum betritt. Ich weiß zum Beispiel, dass mir Kunst und Musik Freude bereiten; ich weiß, dass ich ein guter Zuhörer sein kann; und dass ich kreativ denke. Das sind Gründe für mein Selbstvertrauen, die auf keine spezifische Fähigkeit angewiesen sind. Vielleicht glaubst du nicht an dich, weil du denkst, du wärst weniger begabt als andere? Aber ich kann dir versichern, dass Selbst-

»Glück bedeutet:
tiefe Weisheit, erlernte
Fertigkeiten, das Erlernen
von Disziplin und
brillant eingesetzte Worte.«

Sutta-nipata, 261

vertrauen nichts damit zu tun hat, ob du irgendetwas besser oder schlechter kannst als andere.

Und selbst zu einer schwierigen Situation, in der du denkst: *Ich bin zu gar nichts nütze. Mir fällt nichts mehr ein. Mir fehlt der Mut, noch irgendwas zu versuchen,* sage ich dir: In Wahrheit hast du ein unerschütterliches Gewahrsein, weil du deine Situation in diesem Augenblick voll und ganz erfasst. Niemand ist perfekt. Es ist wunderbar, wenn du deine Lage anerkennen kannst, sie verstehst und dich so akzeptierst, wie du bist.

Wenn du weißt, wer du bist, und das voll und ganz annehmen kannst, wird dir klar, wie sinnlos es ist, sich mit anderen zu vergleichen.

Das stellt in jeder Lebenslage einen unwiderlegbaren Grund dar, Selbstvertrauen zu haben. Und ich bin sicher, dass es das Leben leichter macht!

Sei ehrlich zu dir selbst

Stehe zu dem, was du gut kannst und was nicht. Das ist der erste Schritt. Du brauchst sowohl ein Selbstvertrauen für »Kann ich nicht« wie für »Kann ich«.

Ich halte ein Vertrauen auf das Wissen, worin man gut ist oder nicht, für eine Art Selbstvertrauen. Mein »Kann ich«-Selbstvertrauen hat zum Beispiel mit Sprachen und Kunst zu tun. Es macht mir immer noch Spaß, Englisch und Spanisch zu lernen. Wenn ich diese Sprachen spreche, reagieren Leute oft überrascht und loben mich, also kann ich das wahrscheinlich besser als viele andere. Ich nutze dieses »Kann ich«-Selbstvertrauen, um Grußworte auch in vielen anderen Sprachen auswendig zu lernen und Menschen aus den betreffenden Ländern Hallo zu sagen. Die Leute sind froh, wenn ich in ihrer Sprache mit ihnen spreche, es schafft eine direkte Verbindung.

Andererseits gibt es eine Menge Sachen, in denen ich mit Sicherheit nicht gut bin, wie im Sport oder in manchen wissenschaftlichen Disziplinen. Ich verstehe zum Beispiel nicht viel von Geschichte, aber mir ist klar geworden, dass ich besser nachvollziehen kann, was heute auf der Welt vor sich geht, wenn ich etwas über andere Länder und deren Geschichte weiß. Im Fitnessstudio höre ich mir daher einen lustigen Podcast über die Geschichte der Welt und der Religionen an. Früher habe ich historische Mangas gelesen, aber da blieb überhaupt nichts hängen. Der Podcast hingegen macht mir Spaß, beim Hören lerne ich viel über Geschichte und die Kulturen der Welt. Mir wurde schnell bewusst, wie wenig ich weiß, während sich mein Unbehagen und meine Minderwertigkeitsgefühle immer mehr verflüchtigten. Ich verstand einfach, wie wichtig Wissen ist.

Hast du einmal akzeptiert, worin du nicht gut bist, kannst du nach Wegen suchen, es zu lernen. Deshalb halte ich es für so wichtig, auch ein »Kann nicht«-Selbstvertrauen zu entwickeln.

Denk nicht, dass du alles alleine schaffst. Jeder und jede hat unterschiedliche Fähigkeiten. Akzeptiere also, wenn du etwas nicht kannst, und bitte um Hilfe.

Es ist von entscheidender Bedeutung, zu wissen, was du kannst und was du nicht kannst, und deine Fähigkeiten ohne Selbsttäuschung anzuerkennen. Die Gesellschaft erwartet von uns, dass wir bis zu einem bestimmten Punkt Dinge wissen oder bestimmte Fertigkeiten beherrschen. Daher wirst du, sofern du die Tatsache nicht akzeptierst, dass du manches nicht kannst, anfangen, deine Schwächen zu verstecken und zu verleugnen. Wenn du im anderen Extremfall ständig gelobt wirst, kann dich das übermäßig stolz und selbstgefällig machen. Und diese Eingebildetheit und Eitelkeit werden dich ebenfalls davon abhalten, deine Wahrheit zu leben.

Es gibt immer noch eine Menge Sachen, mit denen ich mich schwertue. Handbücher über Excel oder Photoshop zum Beispiel verstehe ich einfach nicht. Aber ich brauche nur jemanden anzusprechen, der sich damit auskennt, und nachzufragen. Dann gibt es nur selten ein Problem.

Jeder und jede ist gut oder schlecht in unterschiedlichen Dingen, warum solltest du also alles selbst können müssen? Wenn du ein »Kann nicht«-Selbstvertrauen hast und auf die Hilfe anderer zurückgreifst, verwandeln sich die Dinge, die du nicht kannst, in solche, die du kannst!

Inzwischen räume ich gerne auf. Aber als ich 2019 nach Japan zurückkehrte, war mein altes Zimmer ein einziges Chaos: Mangas aus meiner Schulzeit, Briefe von Klassenkameraden, kaputte Sachen, alte Schulhefte. Ich stellte mir die Frage: *Kann man sich, wenn man nicht mal in der Lage ist, das eigene Haus aufzuräumen, schön und erfolgreich fühlen?* Die Antwort lautete natürlich nein. *Daran muss ich was ändern*, dachte ich. Also nahm ich drei Aufräumstunden bei einer für mich perfekten Lehrerin: einer Meisterschülerin von Marie Kondo, der Autorin von *Magic Cleaning: Wie richtiges Aufräumen Ihr Leben verändert*.

Jetzt sind meine Sachen sorgfältig entrümpelt, und ich kann sogar sagen, dass mir die Dinge, die mich umgeben, ein

Glücksgefühl vermitteln. Ein durchschlagender Erfolg! Noch während ich dies mehr als ein Jahr nach den Aufräumstunden schreibe, sind meine Schränke und Schubladen großartig geordnet. Mein Zimmer ist jetzt immer so ordentlich, dass jederzeit jemand vorbeikommen und ein Foto machen könnte!

Ich bin nicht beschämt wegen der Dinge, die ich nicht kann, und halte mich da auch nicht bedeckt. Ich höre den Experten aufmerksam zu, lerne von ihnen und kann mir am Ende selber helfen.

Aber die Ergebnisse hängen sicher auch vom jeweiligen Lehrer oder der Lehrerin ab. Deshalb kümmere ich mich sorgsam darum, die geeignete Person zu finden, von der ich gut lernen kann. Ich sorge mich lieber weniger und investiere dafür mehr Zeit in die Suche. Habe ich dann nicht das Gefühl, tatsächlich etwas zu lernen, suche ich mir lieber jemand Neues. Es gibt so viele sogenannte Profis, die in Wahrheit gar nicht qualifiziert sind. (Verzeihung, aber ich bin bloß ehrlich!)

Verwandle deine Schwächen in Stärken

Das Wissen darüber, was du kannst und was nicht, gibt dir, wie gesagt, Selbstvertrauen. Dennoch glaube ich, dass eine positive Grundhaltung in der Arbeit mit sowohl den Stärken wie auch den Schwächen der Schlüssel zu deinem wahren Ich ist. Wenn du in dem besser wirst, was du gut kannst, ist das ein offensichtlicher Fortschritt. Zugleich können aber sogar die Dinge, die du für Schwächen gehalten hast, zu interessanten Merkmalen von dir werden, wenn du sie aus einer anderen Perspektive betrachtest.

Ich mochte zum Beispiel nie meine Art zu sprechen. Leute sagten mir, sie würde sie ermüden! Lange dachte ich, ich müsste etwas daran ändern. Statt dann aber irgendwelche sinnlosen Versuche zu starten, meine Stimme markanter klingen zu lassen, veränderte ich meine Grundhaltung. Ich beschloss, diese Eigenart noch zu verstärken, und so wurde meine noch »entspannendere« Stimme zu einem Teil meines Ichs. Schon bald sagten mir Freunde Dinge wie: »Niemand versteht Menschen mit seiner Stimme so zu besänftigen wie du« oder »Das klingt so beruhigend, du solltest Gutenachtgeschichten vorlesen«. Ich entwickelte nun eine positive Haltung zu meiner Stimme – und betrachtete sie nicht mehr als Schwäche, sondern als Stärke.

Außerdem hatte ich einen Komplex wegen meiner mandelförmigen Augen. Aber statt wie früher Augenlidklebstoff zu verwenden, um die Augen größer wirken zu lassen, verstärke ich jetzt ihre Besonderheit, gebe ihnen also einen sogar noch schmaleren Touch, indem ich den Lidstrich nach außen verlängere. Heute kann ich meine Augen nutzen, um zu sagen: »Das bin ich!«

Ich habe Selbstsicherheit gewonnen, weil ich nicht mehr irgendwelchen weit hergeholten Idealen hinterherjage, sondern akzeptiere, was gut aussieht an mir. Statt Barbie also asiatische Schönheit!

Genau wie sich manche Menschen asiatischer Herkunft nach dem großäugigen Look sehnen, bewundern Europäer und Nordamerikaner den spitz zulaufenden, geheimnisvollen Look der mandelförmigen asiatischen Augen. Einer meiner spanischen Freunde vertraute mir einmal an: »Ich will eine Gesichts-OP: Ich wünsche mir schmalere Augen und eine tiefer liegende Nase.« Ich war damals komplett geschockt, dass sich jemand operieren lassen wollte, um mir ähnlicher zu sehen.

Also gab es tatsächlich noch andere Schönheitsideale als meines, und ich konnte mich entscheiden, das zu würdigen. Wenn ich meine Voreingenommenheit auflösen und mich selbst lieben konnte, brauchte ich kein so enges Schönheitsbild mehr zu haben. Ich wollte weltoffener denken und das Einzigartige – auch bei mir selbst – würdigen. Das veränderte meine innere Haltung.

Natürlich mochte ich meine Augen nicht von jetzt auf gleich. Ich schminkte mich wieder und wieder, entdeckte dabei Neues und experimentierte weiter. Als ich das Make-up für die Augen so perfektioniert hatte, dass ich sie wirklich mochte, konnte ich sie plötzlich auch ohne Make-up gut leiden.

> »Schütze dich, denn wer sich selbst schützt, schützt auch andere. Wer so handelt, ist weise und wird nicht verletzt.«
>
> Anguttara-Nikaya

Es ist nicht das Ideal, das ich zuerst im Kopf hatte. Aber als ich mich so akzeptierte, wie ich von Natur aus war, stellte ich fest, dass es mir stand. Man fühlt sich sehr wohl, wenn man wirklich man selber sein kann, und wenn man sich wohlfühlt, liebt man sich auch. Mich selbst lieben zu können, macht mich glücklicher als alles andere. Ich muss nicht mehr versuchen, irgendwer anders zu sein, ich bin bereits vollständig!

Es gab mal eine Zeit, da konnte ich mich nicht lieben. Vielleicht, weil ich aufgrund meiner Sexualität pessimistisch war.

Die Komplimenteschlacht

Tust du dich schwer mit der Selbstliebe? Ich möchte dir ein Spiel vorstellen, das Spaß macht und mein Selbstwertgefühl gesteigert hat. Ich nenne es die »Komplimenteschlacht«. Da ich überhaupt nichts Gutes an mir finden konnte, bat ich meine Freund*innen um ein positives Feedback, sagte ihnen im Gegenzug aber auch Nettes über sie – was mir bei ihnen viel leichter fiel als bei mir selbst.

1. Such dir jemand Vertrautes oder eine*n Partner*in, die dir nichts sagen werden, das dich traumatisiert.

2. Zählt jeweils zehn Sachen auf, die gut sind an der anderen Person. Das können Körperattribute sein, ein Modegespür, die Stimme, der Geruch oder positive Persönlichkeitsaspekte.

3. Sagt euch immer abwechselnd Komplimente! Also zum Beispiel: »Ich mag deinen Humor!«, »Ich mag es, wenn du nette E-Mails schreibst«, »Ich mag die Ohrringe, die du heute trägst«, »Ich mag es, wenn du roten Lippenstift trägst«.

Du wirst feststellen, dass es ziemlich schwierig ist, zehn positive Dinge an dir selbst zu finden. Aber genau das ist das Gute an dieser Übung: Ihr werdet euch gegenseitig genau betrachten und beide Positives aneinander finden, das ihr an euch selbst nicht ausgemacht hättet.

Spielst du die »Komplimenteschlacht« mit beispielsweise fünf Leuten, dann wird es bei jeder und jedem von euch Dinge geben, die von mehreren gelobt werden. Bei einigen davon wirst du denken: *Natürlich sagen sie das, schließlich arbeite ich ja auch hart daran.* Aber manche Komplimente werden dich auch ganz schön überraschen: *Ich hatte ja keine Ahnung, dass andere so über mich denken!* Egal, wie, es gibt unglaublich Auftrieb, wenn Leute dir objektiv deine guten Seiten spiegeln.

Von meinen Freund*innen bekam ich zum Beispiel zu hören: »Kodo, dein Kopf hat eine so wunderschöne Form« und »Du bewegst dich so elegant«. Bei meiner Mönchsausbildung sagte mir sogar eine Lehrerin, die Nonne ist: »Du gebärdest dich so sanft und anmutig, Kodo.« In der Schulzeit dagegen war ich genau dafür gehänselt worden. »Du läufst wie ein Mädchen«, sagten sie, sodass ich meine anmutigen Bewegungen bestmöglich unterdrückte. Jetzt machte es mich umso glücklicher, für diese natürliche Eigenschaft von mir gelobt zu werden.

Du magst sagen: »So bin ich halt einfach«, aber vielleicht gibt es ja doch einen versteckten positiven Aspekt dahinter. Mach das »Komplimentespiel« doch einfach mal probeweise und finde heraus, ob du unvermutet auf gute Seiten an dir stößt.

Wegen meines Äußeren hatte ich Komplexe und kein Selbstbewusstsein. Es deprimierte mich, in den Spiegel zu schauen oder mir Fotos anzusehen. Aber nachdem ich inzwischen vieles ausprobiert habe, kann ich aufrichtig sagen, dass ich mich liebe.

Es ist keine Sünde, dein Leben zu genießen. Lebst du nicht jeden Augenblick voll, wirst du am Ende deine Chance auf ein erfülltes Leben verpasst haben. Verschiebe also nichts, was dir Freude bereitet, denn du kannst nur im jetzigen Augenblick leben. Wenn du auf dein Glück wartest, wirst du nie glücklich sein. Feiere jetzt und heute! Ich versuche, in dem Wissen zu leben, dass eines Tages alles verloren sein kann. Manchmal macht mich das auch traurig, aber so kann ich mich am besten auf die Zukunft vorbereiten und den jetzigen Moment genießen.

Ich streite nicht ab, dass wir für unser künftiges Leben hart arbeiten müssen. Das ist der Kreislauf aus Geburt, Tod und Wiedergeburt. Aber unser gegenwärtiges Leben nicht zu genießen, wäre reinste Verschwendung. »Nur ein Leben« ist mein Lieblingszitat geworden, besonders seit ich mich mit dem Buddhismus und der Reinkarnation beschäftige. Paradox, oder? Ich frage mich: *Gibt es irgendwas, was ich verschiebe, aber eigentlich gern machen möchte? Soll ich morgen einen Tandemsprung wagen?* Vielleicht lautet die Antwort nein, aber damit ich es später nicht bedauere, muss ich mir die Frage gestellt haben.

2

Finde deinen Weg

2
Finde deinen Weg

Wenn du dich entscheidest,
deine Wahrheit zu leben,
wirst du feststellen, dass es viele Menschen
gibt, die dich so lieben, wie du bist.
Es ist an der Zeit, sie zu finden.

Verbündete tauchten auf, als ich mich outete. Zeigst du den Menschen in deinem Umfeld nicht, wer du wirklich bist, kann dich auch niemand unterstützen. Versteckst du dich vor der Welt, wirst du nicht entdecken, was sie dir zu bieten hat. Auch Siddhartha Gautama erlangte keine Erleuchtung, solange er zu Hause blieb. Auf seiner spirituellen Suche bereiste er die Welt.

Bevor ich meinen Oberschulabschluss machte und an Orte wie Boston und New York kam, dachte ich: *Ich mag Jungs, also kann ich keine Freundschaften schließen.* Als Erwachsener kann ich im Rückblick sagen, dass ich wohl einfach beschlossen hatte: *Ich mag Jungs, also werden mich alle zurückweisen.* Das wurde zu meiner traurigen Wirklichkeit.

Dabei gab es in der Schule einen Jungen, der wie eine Diva redete und eine Menge Freunde hatte. Er trug einen Bürstenschnitt und Brille und war nicht nur ein guter Schüler, sondern sogar immer Klassenbester. Ich schätze, die Leute respektierten ihn dafür. Er kicherte mit den Mädchen herum und trat völlig ungerührt so auf, wie er war. Er war das komplette Gegenteil von mir damals.

Aus der Distanz betrachtet, hätte meine Situation vielleicht anders ausgesehen, wenn ich den Mut gehabt hätte, zu mir zu stehen. Aber ich war mir sicher, dass die anderen mich nicht akzeptieren würden. Natürlich hätten mich nicht alle verstanden und manche mich vielleicht abgelehnt. Aber vermutlich wäre ich von ebenso vielen akzeptiert worden. Dennoch redete ich mich vor mir selbst heraus: *Sie würden mich nicht akzeptieren, ich bin schließlich nicht so klug wie der Bürstenschnitt-Typ.* In der Annahme, dass niemand mich verstehen würde, stufte ich alle als Feinde ein. Heute klingt das absurd, aber hätten diese Leute, die ich als Feinde betrachtete, wirklich ihr Herz geöffnet oder mich unterstützt?

Wenn du dein wahres Selbst versteckst und vor denen davonläufst, die du für deine Feinde hältst, stößt du dich am Ende selber in den Schatten.

Natürlich gibt es weltweit noch heute tragische Fälle von Diskriminierung. Deshalb müssen wir sehr vorsichtig sein, wenn es darum geht, unserer Einzigartigkeit Ausdruck zu verleihen, und uns gegebenenfalls schützen. Ich jedenfalls fürchtete mich vor Diskriminierung, und wahrscheinlich hatte diese Angst damals auch reale Gründe. Aber die Welt ist dabei, sich zu ändern; die Menschen lernen, Unterschiede zu respektieren, weil Werte heute global über das Internet geteilt werden können.

Ich möchte dir ein bisschen mehr über meine persönliche Reise erzählen, die mich hierhergeführt hat. Was geschah, als ich klein war, und wie war damals meine Lebensrealität?

●

Wie hat die Reise deines Lebens angefangen?

Wenn du das Leben als Reise betrachtest und bei deiner Kindheit beginnst, dann schau dir an, wer du warst, als du dich gerade erst auf den Weg machtest – bevor du anfingst, dein wahres Selbst vor der Welt zu verbergen.

Ich erzählte bereits von dem Foto, das zeigt, was für ein Kind ich war. Darauf trage ich ein Kleid meiner Mutter und knuddle Búbulu, ein Kuscheltier, das bis heute mit mir im Bett schläft. Ich sah wie Rotkäppchen aus.

In meinem Kindergarten gab es eine Menge Röckchen mit elastischem Bund zum Verkleiden. Eine Freundin zeigte mir, wie ich ein Röckchen so auf den Kopf setzte, dass es aussah, als hätte ich lange Haare. Ich liebte es, meine neuen »Haare« rascheln und fliegen zu lassen.

Anscheinend sagte ich häufig zu meiner Mutter: »Sieh mal, ich bin ein Mädchen!« Wenn wir in die Stadt gingen, sagten die Leute: »Ist sie aber süß!«, worauf meine Mutter jedes Mal entgegnete: »Nein, das ist ein Junge.« Ich erinnere mich, dass ich dann enttäuscht war und dachte: *Was? Das stimmt doch so nicht.*

Wenn die anderen Kinder im Hof des Kindergartens oder auf dem Schulhof Völkerball spielten, wollte ich nie mitspielen. Ich blieb viel lieber drinnen und malte Bilder von der Hauptfigur aus Walt Disneys *Arielle, die Meerjungfrau* oder von der Manga-Superheldin Sailor Moon. Ich liebte Geschichten über Frauen, die sich im Kampf gegen das Böse zusammentun, wie *Sailor Moon* und *3 Engel für Charlie*.

Als ich in den Kindergarten ging, hatte ich weder Zauber- noch Feenstäbe, wie es sie damals in Spielzeuggeschäften zu kaufen gab. Aber manchmal waren den Zeitschriften Papierbausätze beigefügt, und meine Cousine (die damals schon 19 war) half mir, daraus selbst welche zu basteln. Ich liebte meine Cousine und wollte sie heiraten, wenn ich einmal größer wäre.

Ich frage mich, ob das nur daran lag, dass es solchen Spaß machte, mit ihr zu spielen. Oder dachte ich, die Ehe sei nur etwas zwischen Männern und Frauen? Als ich klein war, wusste ich noch nichts über meine Sexualität. Mein kleines Ich sagte stolz: »Sieh mal, ich bin ein Mädchen!« Als ich dann aber größer wurde, wusste ich nicht mehr, wie ich mich nennen sollte.

Seit dem Beginn der Grundschulzeit trug ich gerne Jeans-Latzhosen. Sie wirken androgyn, sodass jemand wie ich (also weder Mädchen noch Junge) sie ohne Weiteres tragen konnte. Als ich klein war, spielte ich mit den Mädchen mit Puppen und ging mit den Jungen Rad fahren oder Pokémon spielen. Mit der Zeit sagte ich immer häufiger Dinge wie: »Ich mag keine Jungs« und »Mit Jungs möchte ich nicht spielen«. Meine Mutter fragte sich besorgt, ob sie bei meiner Erziehung versagt hatte. Bei ihr im Regal standen Bücher über Kindererziehung. Als ich sie sah, beschloss ich, dass es mein Fehler sein musste, wenn sie so etwas las (obwohl doch mit mir nichts verkehrt war!). Das machte mich sehr traurig.

In meinem dritten Grundschuljahr besuchten wir ein spezielles Pädagogikzentrum. Während meine Mutter sich mit Mitarbeitern beriet, spielte ich mit einer Dame, die dort arbeitete, das Videospiel *Street Fighter*. Das gefiel mir. Damit ich im Sport besser wurde und möglichst auch mit Jungen spielen konnte, hatte ich als Kind Extra-Sportunterricht – aber stattdessen verliebte ich mich in den Lehrer. Ich weinte buchstäblich aus Liebeskummer, weil ich wusste, dass er heterosexuell war. Das passierte mir immer wieder: Wenn ich mich in der Schule in einen Jungen verliebte, konnte ich sicher sein, dass er mich für verrückt hielt oder gruselig fand. Dann überkam mich ein schreckliches Gefühl von Hoffnungslosigkeit.

Im Schwimmunterricht war ich unglücklich und schämte mich, wenn ich eine Jungenbadehose anziehen musste. Ich fand vieles unlogisch. Schon im Alter von drei Jahren im Kindergarten zog ich mich immer hinter einem Vorhang um, weil ich mich nicht vor anderen zeigen mochte.

Als ich älter wurde, wusste ich nicht mehr, wie ich mich selbst benennen sollte. Ich hatte mich immer »Kochan« genannt, eine Kurzfassung von Kodo mit angehängtem »chan«, was auf Japanisch als Anrede für jemanden gilt, der süß ist, aber auch als Selbstbezeichnung von Kindern üblich ist. *Watashi,* das japanische Wort für »ich«, das Mädchen und Frauen verwenden, wollte ich nicht nutzen, weil es für einen kleinen Jungen unnatürlich gewesen wäre. Im Japanischen gibt es viele verschiedene Pronomen für die erste Person, die für Geschlecht, Alter, Status u. a. stehen. Ich wollte aber auch nicht *bóku* oder *oré* sagen, die »ich«-Wörter, die Jungen und Männer verwenden. Also verwendete ich *uchí*, ein neutrales und distanziertes Wort für »ich« aus dem Westen Japans. Wegen der genderdefinierenden Sprache war es für mich sehr mühsam, über mich selbst zu reden. Und es war extrem unangenehm, weil es mir eine Entscheidung in die Kategorie Mann oder Frau aufzuerlegen versuchte.

Was mochtest du als Kind?

Als ich jünger war, sah ich keinen Sinn im Lernen. Ich war mir sicher, dass ich das meiste von dem, was in der Schule unterrichtet wurde, nicht würde gebrauchen können. Daher kritzelte ich immer in meine Hausaufgaben, was dazu führte, dass ich nachsitzen und Extraaufgaben machen musste.

Auch in der Mittelschule war mir der Lernstoff völlig egal. »Wer braucht als Erwachsener denn noch diese Formeln?«, fragte ich dann. Oder: »Wieso wird das englische Wort ›friend‹ mit ›i‹ geschrieben, wenn es doch ohne ›i‹ viel logischer wäre? Das ergibt überhaupt keinen Sinn.« Ich hatte jede Menge

Fragen und kein Interesse an der Schule. Aber als meine Mutter mich mit etwa zwölf Jahren, in meinem ersten Jahr in der Mittelschule, mit nach Hawaii nahm, verliebte ich mich in die Inseln und steckte mich mit dem Englisch-Lern-Virus an.

Meine Mutter ist Pianistin, und eine ihrer Klavierschülerinnen, die in Tokio in unserer Nachbarschaft wohnte, studierte in Hawaii. Sie hieß Mizué. Sie sah unglaublich schick und cool aus, wie sie da auf ihrem Motorroller ankam! In der einen Hand hielt sie dabei ein Handy und plauderte mit ihren Freundinnen: »Hi! Was geht?« Im Restaurant übersetzte sie uns die Menükarte und bestellte selbstsicher alles auf Englisch. Die Einheimischen lobten ihr Englisch immer wieder. Während ich zusah, dachte ich voller Inbrunst: *So will ich auch leben.* Ab da hatte ich das Ziel, in Hawaii zu studieren.

Und dann passierte etwas unglaublich Tolles. In meinem zweiten Mittelschuljahr hatten wir eine Englischlehrerin als Vertretung an der Schule, die als Japanerin in Hawaii aufgewachsen war. Sie war sehr hübsch, trug einen süßen brünetten Pferdeschwanz, der sich am Ende aufrollte, und hatte eine wunderschöne englische Aussprache.

Eines Tages schlug sie der ganzen Klasse vor, gemeinsam mit ihr Austauschtagebücher auf Englisch zu schreiben. Dabei handelt es sich um Hefte, in die Freund*innen abwechselnd hineinschreiben. Die meisten Schüler*innen hörten nach zwei Wochen auf, aber da ich so fest entschlossen war, in Hawaii zu studieren, schrieb ich hartnäckig auch noch alleine jeden Tag weiter in mein Tagebuch. Sogar die Handschrift der Lehrerin war wunderschön, und ihre Korrekturen trug sie mit fuchsienfarbiger Tinte ein. Bevor ich weiterschrieb, kontrollierte ich jedes Mal meine Fehler, was dazu führte, dass sich meine Englischnoten enorm verbesserten.

Im dritten Mittelschuljahr hatte ich eine andere Englischlehrerin, fragte sie aber, ob ich das Tagebuch weiterführen dürfe. Dank meiner Englischnote wurde ich im Gymnasium gleich ein bisschen über meinem eigentlichen Level eingestuft!

Jedes Leben kennt auch dunkle Tage

Leider begann für mich mit der Oberschule eine Zeit in der Hölle. Ich hatte Mühe mit dem Lernen, und mein soziales Leben kam zum Erliegen. Es war eine Privatschule, und niemand aus meinem alten Freundeskreis war mitgekommen. Ich fiel in ein trostloses, düsteres Loch der Einsamkeit. Die Jungs begeisterten sich für Baseball, Fußball und Comedyshows im Fernsehen. Die Mädchen redeten über Make-up und Mode oder tratschten ausführlich über die Jungs. In der Sekundarstufe hatte ich mich noch den Mädchen anschließen können, aber hier fühlte sich das ganz anders an. Die Jungs waren Jungs und die Mädchen Mädchen, klar getrennt voneinander. Da ich weder Junge noch Mädchen war, gehörte ich nirgendwohin. Ich verbrachte die Pausen komplett auf mich gestellt, es gab niemanden in der Klasse, den oder die ich hätte als Freund*in bezeichnen können.

Aus Angst, irgendwer könnte bemerken, dass ich homosexuell war, redete ich mit niemandem. Zugleich wollte ich nicht, dass meine Mitschüler*innen mich für ein Opfer hielten. Also verließ ich in der Mittagspause lässig das Klassenzimmer, als hätte ich etwas Wichtiges zu tun. Dann wanderte ich ziellos um das Schulgebäude herum.

Es wird nicht weiter überraschen, dass ich die Schule zunehmend hasste und ständig zu spät kam. Hatte man aber keinen triftigen Grund vorzuweisen, wurde der Lehrer oder die Lehrerin böse. Von der Bahn ließ ich mir offizielle Entschuldigungszettel geben, wie sie in Japan üblicherweise ausgehändigt werden, wenn die Züge Verspätung haben. Da ich

Reise durch die Zeit, um zu entdecken, wer du wirklich bist

Als ich älter wurde, wusste ich aufgrund der gesellschaftlich verbreiteten Werte und Erwartungen nicht mehr, wer ich war, und war in meiner Identität verunsichert. Meiner Meinung nach sollte nicht das, was wir im Lauf des Lebens als Erwachsene an Eigenschaften erworben haben, sondern die Seele, mit der wir auf die Welt gekommen sind, den Kern unseres Seins bilden. Ich denke, dass wir, solange wir noch klein sind, unser unverfälschtes Selbst sind; deshalb kann uns die Erinnerung an unsere Kindheit helfen herauszufinden, wer wir sind. Es ist an der Zeit, dass du dich in deine Kindheitsjahre zurückbegibst …

1. Frag deine Eltern und alten Freund*innen, was für ein Kind du warst.

2. Wenn möglich, besuche die Gegend, in der du aufgewachsen bist, und erinnere dich, wie du dich damals fühltest. Such deinen alten Kindergarten, den Spielplatz und andere vergleichbare Orte auf.

3. Schau dir Fotos von früher an.

4. Erinnere dich, wie und was du gerne gespielt hast, und denk darüber nach, warum es dir solchen Spaß machte.

Ich habe bereits erwähnt, dass ich mit Puppen spielte – ich liebte es, wie unterschiedliche Kleider meinen Puppen eine jeweils andere Persönlichkeit verliehen. Daneben mochte ich es, mir selbst schöne Kleider anzuziehen. Ich probierte verschiedene Materialien und Accessoires, denn das gab mir das Gefühl, jemand anders zu sein. Außerdem zeichnete ich gern Charaktere zu selbst erfundenen Geschichten und führte meine eigenen Musicals auf. Daran sehe ich, dass ich schon immer jemand war, der gern Dinge gestaltete, unterschiedlichen Persönlichkeiten Ausdruck verlieh und Geschichten erzählte. Mein Gefühl ist, dass mich diese Eigenschaften wirklich zu der Person hinführen, die ich bin. Und wenn ich mir der Dinge bewusst bin, die ich gern tue, schenkt mir das noch zusätzlich Kraft. Also hol auch du dir deine wahre Persönlichkeit zurück. Das Kind, das du einmal warst, kann dich sicherlich dazu ermutigen, dein wahres Ich zu leben!

so wenig Zeit wie möglich in der Schule sein wollte, betete ich jeden Tag, der Zug möge sich verspäten. Ich überlegte sogar ernsthaft, mir am 13. des Monats zwei Zettel aushändigen zu lassen, um auf einem das Datum in eine 18 verändern zu können.

Die Lehrer*innen waren ausschließlich darauf fokussiert, die Schüler*innen für die Aufnahmeprüfung an einer guten Uni vorzubereiten. Sie waren daher streng mit uns und sagten, wir müssten zehn Stunden pro Tag lernen. Die Schüler*innen konzentrierten sich ausschließlich auf die Aufnahmeprüfungen und machten sich im Kunstunterricht über mich lustig, weil ich mir beim Zeichnen so viel Mühe gab. Bei der Aufnahmeprüfung an eine Universität wurde das Fach Kunst nicht geprüft, wozu sich also abmühen? Stattdessen nutzten die anderen den Kunstunterricht vor allem zum Zeitvertreib und zum Quatschen. Für mich war es immer das größte Kompliment, wenn die Kunstlehrerin über meine Zeichnungen staunte und mich fragte: »Haben *Sie* das gemalt?« Stolz antwortete ich dann: »Ja, und ich kann noch mehr!«, und bat um weitere Aufgaben, die ich außerhalb des Unterrichts erledigte. Leider gab es den Kunstunterricht nur ein Jahr lang, das Programm im zweiten Jahr beschränkte sich auf die Leute, die sich auf eine Aufnahmeprüfung fürs Kunststudium vorbereiteten. Wie traurig! Die Leute gaben mir das Gefühl, dass das, was ich liebe und gut kann, wertlos ist. Dabei denke ich, wir sollten uns nicht nur wegen irgendwelcher Prüfungen mit Dingen beschäftigen.

Du darfst dich ruhig freuen an dem, was du magst.

Schmerz gehört zur Reise dazu, ist aber nicht ihr Ziel

Ich will nicht lügen: Meine Schuljahre waren eine schwierige und einsame Zeit. Aber vermutlich haben auch sie ihren Teil dazu beigetragen, dass ich so werden konnte, wie ich heute bin. Ich habe etwas über Leid gelernt, weil ich es am eigenen Leib erfuhr und nicht weil ich nur darüber gelesen hätte.

Der Buddhismus akzeptiert Leid als Teil der Reise des Lebens und beschreibt acht universelle Leidensarten. Dazu gehören die vier Leiden von Geburt, Altern, Krankheit und Tod, die für uns als Menschen unvermeidlich sind. Außerdem gibt es noch: das Leid, sich von Menschen verabschieden zu müssen, die wir lieben; das Leid, mit Menschen oder Situationen zu tun haben zu müssen, die wir hassen (so wie ich in der Oberschule); das Leid, nicht zu bekommen, was wir uns wünschen (ebenfalls bei mir in der Oberschule der Fall); und das Leid, das aus den fünf Komponenten erwächst, die unseren Körper und Geist bilden: Materie, Empfindung, Wahrnehmung, Geistesformation und Urteilsvermögen.

Schon allein die Tatsache, zu leben, bedeutet also Leiden! Auch später, als ich mich wohler mit mir fühlte und als Makeup-Artist in den USA arbeitete, gehörte Leid zu meinem Leben dazu. Wenn ich keine Aufträge als Make-up-Artist hatte, dachte ich meist, dass *ich nicht talentiert oder gut genug* war. Als ich dann mehr Aufträge bekam, dachte ich: *Ich möchte noch besser und erfolgreicher sein.* Und als ich dann ständig gefragt war, dachte ich: *Warum muss ich eigentlich so viel arbeiten?*, denn es erdrückte mich, und ich hätte Pausen gebrauchen können. Es ist einfach zu verlockend, nur die negativen Seiten und das Leid in unserem Leben zu sehen.

Viele Menschen können nicht anders, als zu grübeln, zu urteilen und im Leid zu versinken. Hilfreich kann es da sein, die eigene Geisteshaltung zu ändern. Manchmal ist das eine

Herausforderung, denn dazu muss man sich die eigene Lage erst einmal bewusst machen; oder man muss sich aufraffen und Hilfe suchen, jemand Verständnisvolles finden, der Alternativvorschläge macht.

Such dir deine wahre Familie

Als meine Klasse eines Tages das Klassenzimmer sauber machte (das gehört bei Schülern in Japan zum Schultag) und ich, zur Tafel gerichtet, schon fast auf dem Weg nach Hause war, hörte ich hinter mir eine Stimme: »Dieser Nishimura da. Der ist ein Homo, oder?« Mir gefror das Blut in den Adern. *Jetzt ist alles vorbei. Dabei will ich doch überhaupt nichts von ihm. Wahrscheinlich sehen mir die Leute das einfach an*, dachte ich.

Ich versuchte verzweifelt, gleichgültig dreinzuschauen, und tat so, als hätte ich nichts gehört, aber innerlich war ich wie einer dieser Vakuumbeutel für Bettdecken, denen man mit einem Staubsauger sämtliche Luft entzieht. Ich schrumpfte komplett in mich zusammen. Wie sollte ich mich morgen wieder in der Schule zeigen?

Dabei sagen die Leute ja eigentlich nur die Wahrheit, wenn sie mich einen Homo nennen. Aber damals hatte ich nicht die Kraft zu erwidern: »Ja, stimmt. Ich bin homosexuell.« Aus Angst hielt ich den Mund. Ich fühlte mich von einer Gesellschaft unterdrückt, die der LGBTQIA*-Community offensichtlich keinen Respekt zollte.

»Lass dein Herz
die Fackel sein.
Folge ihm, wohin
es dich führt.«

        Mahayana-Mahaparinirvana-Sūtra

Selbst wenn eine ganze Million Menschen etwas Bestimmtes glauben, können sie falsch liegen. Vielleicht bist du der eine in dieser Million, der weiß, was tatsächlich richtig ist.

Am Ende waren es eine Englisch-Sprachschule und ein schwuler Chatroom, die mich aus meiner farb- und freundeslosen Welt erlösten. Als ich meinen Eltern sagte, dass ich an eine Highschool in den USA wollte, antworteten sie: »Alles, nur das nicht.« Und fügten hinzu: »Wie kannst du mit deinen Schulnoten überhaupt hoffen, dass du die Englischprüfung bestehst?« Aber ich wollte nicht einfach so aufgeben. Es war, als wäre ich von allen Seiten eingeklemmt, als gäbe es keinen Ausweg. Dabei rettete mich ausgerechnet das Englisch, das ich gelernt hatte. Ich hatte einen Ort gefunden, an dem ich während der Jahre in der Oberschule ich selbst sein konnte: einen englischsprachigen schwulen Chatroom im Internet, in dem sich Kids versammelten, die in derselben Lage waren wie ich. Es war der einzige Ort, an dem ich mich mit meinen wahren Gefühlen zeigen konnte, mich nicht zu verstecken brauchte – allerdings auf Englisch!

Die User lebten in unterschiedlichen Ländern – in Griechenland, Portugal, Russland, den Niederlanden, China, den USA, Puerto Rico und Uruguay –, und wir waren allesamt Teenager. Wir erzählten uns unsere LGBTQIA*-Sorgen und unterstützten einander. Da kamen Sachen vor wie: »Meine Eltern haben gesagt, Schwulsein ist verwerflich« oder »Wenn dich jemand fragt, welches Mädchen du magst, was sagst du dann?«. Ich weiß nicht, ob ich die drei Jahre in der Oberschule ohne den schwulen Chatroom überstanden hätte. Hier hatte ich das Gefühl, gehört zu werden. Ich nutzte Englischwörterbücher zum Chatten, denn sonst hätte ich nicht ehrlich alles ausdrücken und mich mit jedem und jeder austauschen können. Der Chatroom war lebenswichtig für mich. Ich konnte mich nicht mehr darauf versteifen, dass das Wort »friend« ohne »i« geschrieben werden sollte, denn dann hätte ich keine Freunde gehabt.

Auch in der realen Welt vertiefte ich mich in die englische Sprache. Da ich abends nicht in Klubs ging und nach der Schule nicht mit Freunden abhing, machte ich einen Konversationskurs und verbesserte so mein Englisch. Es war unglaublich erfrischend und aufschlussreich, mit Lehrer*innen aus der ganzen Welt zu reden. Mit einer amerikanischen Lehrerin redete ich über die Girlgroup Destiny's Child, und von einer Neuseeländerin lernte ich etwas über die Maoris. Plötzlich eröffnete sich mir da draußen eine ganze Welt, die Lehrer*innen erwarteten nicht von mir, dass ich zehn Stunden am Tag lernte, und niemand machte sich über mich lustig, weil ich gern zeichne.

Meine Alltagsroutine wurde: Schule, Englischunterricht, nach Hause gehen, schwuler Chatroom. Ich hörte auch viel Musik, wie Mariah Carey, Beyoncé, Michael Jackson, Janet Jackson und viele andere, las dabei die Liedtexte und sang mit. Ich begann, stärkende Botschaften gegen Diskriminierung und Stigmatisierung in Bezug auf Sexismus und Rassismus zu erkennen und zu verstehen. Japanische Sänger waren nur selten darunter. Es dürfte wenig überraschen, dass meine Englischnoten in der Oberstufe extrem gut ausfielen.

Da ich Kunst liebte, dachte ich sogar darüber nach, ob ich nach der Schule Kunst studieren sollte. Um mich darauf vorzubereiten, besuchte ich außerhalb der Schule einen Kunstkurs, war aber sehr überrascht, wie viel besser die anderen Teilnehmer*innen im Zeichnen waren. Die Aufnahmeprüfung für Kunsthochschulen in Japan bestand hauptsächlich aus Zeichnen nach Modell. Wenn ich während des Unterrichts Stunde um Stunde zeichnete, fragte ich mich: *Warum soll ich realistische Gegenstände abzeichnen, wenn ich doch einfach ein Foto machen könnte? Wozu soll es gut sein, Kunst zu machen, die keine Botschaft enthält?* Dieser Zugang ergab für mich keinen Sinn. Ich wollte meine Vorstellungskraft und Kreativität nutzen, beschloss also, dass diese ganze Zeichnerei nur für die Aufnahmeprüfung nichts für mich war und dass ich in Japan nicht auf die Kunsthochschule gehen würde.

Das Einzige, was nun blieb, war mein gutes Englisch. Da ich in der Mittelschule beschlossen hatte, zum Studium nach Hawaii zu gehen, wollte ich nun in Hawaii Kunst auf Englisch studieren. Ich trat einer Paukschule bei und konzentrierte mich ganz auf mein Englisch. Die Betreuerin sagte mir, ich müsse nach New York gehen, wenn ich Kunst studieren wolle. New York klang gut und nach einem Ort, an dem ich Chancen hatte, akzeptiert zu werden. Ich erinnerte mich an Filme wie *A horus Line* und *Der König der Löwen* und träumte davon, in Musicals zu gehen. *Vielleicht kann ich dort Freundschaften schließen. Vielleicht fühle ich mich dort nicht mehr so ausgeschlossen.* Diese Gedanken nahmen immer mehr Raum ein, bis ich Japan schließlich mit leuchtenden Augen verließ, um in den USA zu studieren.

●

Erwarte nicht, dass sich etwas ändert, wenn du nicht selber damit anfängst

Meine Paukschule in Japan hatte Verbindungen zu Schulen im Ausland. Eine von ihnen befand sich in Boston. Also fing ich dort mit dem College an. Geplant war, dass ich zwei Jahre in Boston studierte, bevor ich an einen anderen Ort wechselte.

Die Beraterin hatte gesagt, ein Übergang nach New York würde leichter gelingen, wenn ich vorher in einem nahe gelegenen Bundesstaat wäre.

Ich dachte, alles würde sich ändern, sobald ich in den USA wäre. Die Realität sah völlig anders aus. Ich hatte gehofft, einen Ort zu finden, an dem ich ich selbst sein konnte. In Wahrheit aber fiel es mir überhaupt nicht leicht, mit Amerikaner*innen Freundschaft zu schließen. Außerdem fing ich an, mich mit Menschen verschiedener ethnischer Herkunft zu vergleichen. Ich hatte Minderwertigkeitsgefühle, weil viele von ihnen viel größer waren als ich und wunderschöne Gesichter hatten. Mein Schönheitsideal war damals von der Größe der Augen und der Gesamtkörpergröße bestimmt. Ich sah mich durch die Brille der japanischen Ästhetik. Außerdem war ich schüchtern und traute mich nicht, Menschen anzusprechen. Für meinen Selbsthass und meine Einsamkeit machte ich meinen japanischen Hintergrund verantwortlich. *Sogar hier kann ich nicht akzeptiert werden,* dachte ich und wurde depressiv.

Dann las ich Unglaubliches in den Nachrichten. Beim Wettbewerb für Miss Universe 2007 hatte die Vertreterin aus Japan, Riyo Mori, gewonnen. *Wie konnte eine echte Japanerin bei einem weltberühmten Schönheitswettbewerb gewinnen?*, fragte ich mich. Ich war total schockiert. *Japaner*innen können tatsächlich weltweit Akzeptanz finden!* Ich dachte permanent an Riyo, und als ich das nächste Mal in Japan war, fand ich ein Buch über ihren Triumph. Zuerst zögerte ich, einen Schönheitsratgeber für Frauen zu erwerben. Ich fühlte mich, als würde ich eine schlüpfrige Zeitschrift kaufen wollen, und machte mich auf eine Blamage gefasst. An der Kasse hatte ich Angst, die Verkäuferin könnte bemerken, dass ich homosexuell bin, oder ein*e Freund*in aus der Mittelschule könnte mich sehen und wissen wollen, warum ich ein Buch über schöne Frauen haben wollte. Aber nichts dergleichen passierte. Ich las das Buch in drei Stunden durch, und es veränderte mein Leben!

Vieles darin berührte mich tief. In einer Passage hieß es: »Vielleicht denkst du, dass du blaue Augen, blondes Haar und lange Beine haben musst, um für schön gehalten zu werden. Aber das ist nicht unbedingt der Fall. Die meisten Japaner*innen haben glänzendes Haar, eine weiche Haut und jugendliche gertenschlanke Körper, und außerhalb von Japan findet man das schön.« In einer anderen Passage wurde erläutert: »Lange schmale Augen lassen sich mit Eyeliner und Mascara betonen, während dunkle Augen schon von fern auffallen. Das kann die heitere asiatische Schönheit zusätzlich hervorheben.« Und: »Die japanische Demut, die Fähigkeit der Menschen, Rücksicht zu zeigen, und ihr Fleiß sind wie rohe Diamanten, denen Völker aus anderen Weltregionen nur schwer gerecht werden können.« Es schien, als gebe es doch noch Hoffnung für mich, mich schön zu finden!

In dem College in Boston, auf das ich ging, gab es eine Menge Tanzschülerinnen. Die Mädchen waren groß, schlank und blauäugig, sie hatten eine großartige Haltung und sahen sogar im Sweatshirt toll aus. *Diese Mädchen sind die Vorbilder für die Prinzessinnen bei Walt Disney,* dachte ich. Und obwohl genau das mein Schönheitsideal gewesen war, wurde mir jetzt klar, dass ich Schönheit nur aus einer gesellschaftlichen Perspektive gesehen hatte, die das westliche Aussehen idealisierte.

Nicht meine japanische Herkunft war der Grund, aus dem ich nicht akzeptiert wurde. Aber was denn dann? Warum war ich überhaupt dieser Überzeugung?

So hat jeder und jede von uns bestimmte Vorurteile, die uns gefangen halten. Welche hast du?

Hinterfrage deine Überzeugungen

Ich dachte immer, in Japan würden Homosexuelle niemals Akzeptanz finden. Und in den USA hatte ich wegen meiner schmalen Augen, meines Ekzems und der kurzen Beine Minderwertigkeitsgefühle. Aber dann tauchte Riyo Mori plötzlich auf – eine japanische Miss Universe. Was ging da vor sich? Mir dämmerte, dass meine Vorstellungen falsch gewesen sein mussten. Stück für Stück erweiterte sich mein Verständnis von Normalität.

Etwa zur selben Zeit besuchte ich in Boston eine Gruppe von LGBTQIA*-Jugendlichen, die sich in einer Kirche im Zentrum traf. Dort fand ich zum ersten Mal schwule Freunde außerhalb des Internets. Für mich war es zwar komisch, in eine Kirche zu gehen, deren Religion mir fremd war, aber das spielte keine Rolle. Ich lernte dort jemanden kennen, dessen Familie aus Barbados kam. Er erzählte mir, dass er sich seiner Familie gegenüber nicht outen könne und dass Homosexualität auf den karibischen Inseln stark diskriminiert sei. Obwohl ich langsam mitbekam, dass die amerikanische Jugend sehr viel offener war, tat ich mich mit meinem Coming-out immer noch schwer. Und ich erfuhr von schwerer Diskriminierung in anderen Teilen der Welt, von noch schlimmeren Fällen, als sie in Japan vorkamen.

Auch in meiner Schule hatte ich Angst, die Student*innen würden herausbekommen, dass ich homosexuell war, und vermied daher so weit wie möglich ihre Gesellschaft. Nur eine Freundin hatte ich dort gefunden. Es war eine Japanerin namens Eri, mit der ich mich auf Anhieb verstand. Wir waren so eng befreundet, dass wir täglich zwei bis drei Stunden miteinander schwatzten. Wir klagten uns gegenseitig unser Leid über das Leben im Wohnheim, in dem jedes Wochenende laute Partys stattfanden, bis das ganze Gebäude von den Bässen wackelte. Die Leiter des Wohnheims waren zwei junge

Männer, die die Partys mit all den ständig betrunkenen Minderjährigen nicht nur nicht unterbanden, sondern teilweise selber organisierten. Eri und ich waren genervt und dachten plötzlich: *Lass uns hier abhauen und zusammen ein Zimmer nehmen!*

Nun habe ich den Namen und Körper eines Mannes, auch wenn Frauen mich überhaupt nicht anziehen. *Vielleicht machen sich Eris Eltern Sorgen, wenn sie das Zimmer mit einem Mann teilt,* dachte ich. *Ich muss mich vor ihr outen.* Halbe Sachen habe ich schon immer gehasst. Daher musste ich zuallererst sicherstellen, dass Eris Eltern nicht beunruhigt waren.

Also entschied ich mich zum ersten Coming-out meines Lebens – gegenüber meiner Freundin. Aber welcher Augenblick würde am besten geeignet sein? Bei unseren langen Telefonaten schlug mir das Herz bis zum Hals, meine Hände zitterten und wurden ganz kalt. Als Eri eines Abends schon ganz schläfrig klang, dachte ich: *Jetzt oder nie!,* und platzte heraus: »Eri, ich wollte dir sagen, dass sich deine Eltern keine Sorgen zu machen brauchen, wenn wir ein Zimmer teilen. Ich bin homosexuell.«

Sie antwortete in ihrem ganz normalen Tonfall: »Okay, alles klar. Schlaf gut.«

Das entsprach ja überhaupt nicht meinen Erwartungen! Da ich befürchtete, sie könnte es am nächsten Tag vergessen haben, hakte ich noch einmal nach: »Was ich da gestern Abend gesagt habe ...« Aber natürlich wusste sie es noch!

Da mein Geheimnis nun endlich gelüftet war, fühlte ich mich wie neugeboren. Du kannst dir nicht vorstellen, wie glücklich ich war, dass mein Coming-out nichts an unserer Freundschaft geändert hatte.

Hast du erst einmal den ersten kleinen Schritt getan, wird der Rest einfacher

Als erstes Urlaubsziel ohne meine Eltern im Ausland suchte ich mir Spanien aus. Ich bin großer Fan der japanischen J-Pop-Gruppe Perfume und besuchte in meinen drei Jahren an der Oberschule häufig eine ihrer Fanseiten, die ein Webmaster aus Barcelona eingerichtet hatte. Ich beschloss, mich dort mit ihm zu treffen.

Überraschenderweise tauchte der Webmaster gleich mit einem ganzen Dutzend Freund*innen auf. Am Ende gingen wir zusammen mit diesen spanischen Superfans der J-Pop-Sängerinnen aus Japan essen. Mit von der Partie war der Ex-Freund des Webmasters mit seinem neuen Freund. Wie seltsam! Am nächsten Tag zeigten sie mir so berühmte Orte wie die Sagrada Familia und den Park Güell. Dort lernte ich das Paar, das mein Leben verändern sollte, erst richtig kennen: Chechi und seinen Partner Kami. Noch heute gehören sie zu meinen besten Freunden. Vom ersten Moment an passten wir zusammen wie die Teile eines Puzzles: Wir lachten über dieselben schwulen Insiderwitze und unterhielten uns über Mode und Männer.

Die Begegnung mit Chechi und Kami stellte meine Vorurteile auf den Kopf, und das wunderbare Spanien löschte meine alten Überzeugungen aus. (Übrigens ist Chechi ein Spitzname für Sergio, und Kami ist der Online-Spitzname von Roger.) Ich brauchte nichts zu verbergen, weil sie genauso waren wie ich. Noch nie hatte ich Freunde gehabt, mit denen ich über alles reden und lachen konnte. Es war unfassbar, dass es tatsächlich Menschen auf dieser Erde gab, mit denen ich mich so gut verstand! Ein kompletter Schock.

Chechi und Kami waren schwul, aber sie standen ganz anders zu ihrer Sexualität als ich. Sie hielten Händchen und küssten sich auf offener Straße. Zuerst hatte ich Angst, dass jemand

»Selbst wenn es für
andere wichtig wäre,
darfst du nicht aufgeben, was dir
als Aufgabe gegeben ist.
Verwirkliche dein Ziel
und konzentriere dich
auf deine Aufgabe.«

                          Dhammapada, 166

sie niederstechen würde, aber es geschah gar nichts. Als ich Spanien verlassen musste, weinte ich wie ein Baby. Weißt du, wie weh es tut, Abschied von jemandem zu nehmen, den du liebst? Es war, als würde ich die kostbarsten Menschen in meinem Leben verlieren, die Menschen, mit denen ich zum ersten Mal in meinem Leben offen und ehrlich sein konnte. Im Flugzeug sprachen mich immer wieder Fremde auf Spanisch an, ob alles in Ordnung mit mir wäre.

Ich vermisste Spanien so sehr, dass ich beschloss, in den Winterferien wieder hinzufahren. Dieses Mal war ich bei Chechi zu Gast, der bei seiner Familie lebte. Eines Tages schlugen er und Kami vor: »Da du noch nie in einem Schwulenklub gewesen bist, gehen wir dieses Wochenende mal hin. Morgen früh sind wir dann wieder zu Hause.«

Ich machte mir richtig Sorgen, denn was würde Chechi seinen Eltern sagen? Aber er teilte seiner Mutter ganz offen mit: »Wir gehen jetzt in den Schwulenklub. Morgen sind wir wieder da.«

»Wartet einen Augenblick!«, lautete die Reaktion seiner Mutter.

Ich dachte sofort: *Oh nein, jetzt wird sie uns davon abbringen.* Vielleicht sind Schwule für sie ganz okay, aber sie kann doch die Vorstellung nicht mögen, dass 18-Jährige bis zum nächsten Morgen in irgendeinem Klub herumhängen. Sie war in der Küche zugange und kam mit ein paar silbern glänzenden Sachen zurück – in Silberfolie gewickelten Schinkenbaguettes für uns zum Mitnehmen. Nanu?! Ich war vollkommen sprachlos. Chechis Mutter wusste, dass ihr Sohn schwul war, und ließ seinen Liebsten und mich als einen neuen Freund bei sich zu Hause wohnen. Und jetzt hatte sie für uns auch noch einen Snack zum Mitnehmen in einen Schwulenklub zubereitet?! »Viel Spaß im Klub und bis morgen!«, sagte sie und reichte uns die Baguettes. »*¡Buenas noches!*« Wow, einfach nur *WOW!*

Bis dahin war das Schwulsein für mich ein Geheimnis auf Leben und Tod gewesen. Selbst viele der Jungs im schwulen Chatroom konnten ihren Eltern nichts sagen und behielten ihre Sorgen und Ängste für sich. Auf keinen Fall konnten sie ihnen erzählen, dass sie an anderen Jungen interessiert waren. Genauso war auch ich damit umgegangen. Und plötzlich gab es da diese für mich bisher unvorstellbare Welt, in der Schwulsein ganz normal war! Vielleicht konnte meine Beziehung zu meinen Eltern ja auch so werden? Ich begann zu hoffen.

Zuerst gingen wir in eine Schwulenbar auf einen Drink. Als wir sie betraten, war ich so nervös, dass mein Herz wild pochte und ich ganz kalte Hände bekam. Ich blieb einen Moment stehen, um mich vorzubereiten, aber meine Freunde warteten nicht auf mich. Sie gingen hinein wie in ein ganz normales Kino. Drinnen sah ich Männer in sexy Klamotten, die jeden der Anwesenden mit Adleraugen von Kopf bis Fuß scannten. Mir war das so unangenehm, dass ich mich an meinen Freund, den Webmaster, wandte, der ein eher ernsthafter und stiller Mensch ist. Ob ihm diese Szene wirklich gefiel? Aber er fühlte sich hier pudelwohl.

»Ich kann mich hier entspannen«, sagte er. Entspannen? Jeder wurde genau unter die Lupe genommen – wie konnte das entspannend sein? Bald trafen weitere Freunde ein, und ich fing an, mich halbwegs wohlzufühlen. Es war eine für mich komplett neue Welt, in der alle ganz frei über sich redeten.

Später gingen wir in einen großen schwulen Nachtklub. Inzwischen hatte ich mich längst an die Szene gewöhnt und genoss es, zum ersten Mal mit meinen Freunden zu tanzen! Ich glaube, an diesem Ort probierte ich auch zum ersten Mal ein alkoholisches Getränk. Ich war 18 Jahre alt. (In Japan darf man erst ab 20 trinken, in den USA ab 21.) Dort waren viele schwule Männer, die völlig offen mit Lust und Verlangen umgingen, und ich war sehr erstaunt, dass sie ihre gegenseitige Zuneigung so öffentlich zeigten. Ich hatte noch nie so viele schwule Männer offline gesehen. Um sechs Uhr morgens gingen alle Lichter an. Es war, als wäre der Zauberbann gebrochen: Willkommen zurück in der Wirklichkeit.

Auf dem Weg zu Chechis Zuhause sah ich, wie die Sonne aufging. Die Luft wärmte sich langsam auf. Obwohl meine Freunde Spanisch redeten, fühlte ich mich ihnen sehr nah. Sie sprachen eine andere Sprache; sie kamen aus einem anderen Land mit einer anderen Kultur; sie hatten eine andere Haarfarbe und einen anderen Körperbau als ich – und doch spielten diese Unterschiede keine Rolle. Ich hatte meine Familie gefunden und endlich ein Gefühl von Zugehörigkeit.

Mach dich bereit und sag der Welt, wer du bist

Nach meinem Abschluss am College in Boston schaffte ich die Aufnahme an die Parsons School of Design in New York. Was mir noch mehr Mut machte, war die Pride Parade in New York City. Aus der ganzen Welt kamen LGBTQIA* und Touristen, um an der Demo teilzunehmen – es waren zwei bis vier Millionen Menschen! In den Straßen von Manhattan drängten sich die bunt gekleideten Massen, und alle unterstützten LGBTQIA*. In dem Jahr, in dem ich mit dabei war, nahmen auch die Firmen GAP und Apple teil, was mich unglaublich überraschte. Ich erfuhr, dass sich der CEO von Apple, Tim Cook, öffentlich zu seinem Schwulsein bekennt. Können Leute den Menschen der LGBTQIA*-Community immer noch ihre Rechte absprechen, wenn sie Produkte verwenden, die von einem Unternehmen mit einem schwulen CEO hergestellt worden sind?

Was mich aber am tiefsten bewegte, war, dass auch Disney mit einem großen Schild daran teilnahm, auf dem »Wir feiern alle Familien« stand, und Micky-Maus-Sticker in den Regenbogenfarben verteilte. Die Vorstellung, dass mich sogar meine Lieblingsprinzessinnen von Disney – Belle und Arielle – unterstützten, berührte mich ungeheuer. *Wenn Disney die Rechte der LGBTQIA* fördert,* dachte ich, *wovor habe ich dann eigentlich Angst?* Selbst wenn es Leute gibt, die damit nicht einverstanden sind, mögen doch bestimmt einige ihrer Familienmitglieder Walt Disney oder singen »Lass jetzt los« aus der *Eiskönigin* so gern wie ich.

Ich war so überzeugt gewesen, es sei verwerflich, Jungen zu mögen. Dabei war hier – egal, wohin ich sah – ein Meer von Menschen, das mich unterstützte. Diese berühmten Unternehmen waren gekommen, um LGBTQIA* zu ermutigen, ich brauchte also gar nichts zu verbergen. Jetzt wusste ich, dass ich nicht minderwertig war, und mein Selbstvertrauen wuchs.

In der Parsons School, auf die ich ging, war der Leiter der Abteilung für Bildende Kunst schwul, und auch sein Mann unterrichtete an der Schule. Die Studierenden fanden das nicht weiter ungewöhnlich, und viele von ihnen zeigten sich selbstbewusst in ausgefallenem Outfit. Da waren welche mit pink oder blau gefärbtem Haar, andere trugen schwarzen Nagellack, neongrüne Leggings ohne Unterwäsche darunter, Nasenpiercings, Steppschuhe oder lila Stöckelschuhe. Einer der Lehrer trug sogar Sadomasostrapse. Wenn überhaupt, dann musste ich selbst eine Schippe drauflegen! Als ich auf die Schule kam, war da jemand, den ich attraktiv fand. Später verkündete er, er sei eine Sie, und sie begann mit ihrer Transition. Manche Lehrerinnen waren lesbisch. Mit jedem Tag konnte ich mein Denken und meine innere Haltung ein Stückchen weiter öffnen.

Hier hatte ich es mit Menschen zu tun, die sich selbst treu waren. *Warum soll ich also kein Make-up tragen und offen homosexuell leben?*, fragte ich mich. Ich hielt mit meiner Homosexualität nicht mehr hinterm Berg und freute mich, dass mein Leben jetzt so viel einfacher geworden war. Als ich dann bei einer Make-up-Künstlerin assistierte und Zeit mit ihrem Team verbrachte, redeten sie mir zu, auch in der Öffentlichkeit Make-up zu tragen. Wir gingen zusammen shoppen, und sie suchten mir Ohrringe und High Heels aus. So unwohl ich mich auch dabei fühlte, mich darin zu zeigen, so glücklich war ich zugleich, zu tragen, was mir gefiel. Es war, als würde ich nun endlich zu der Prinzessin, die ich als Kind hatte sein wollen. Wenn ich meine Wohnung verließ, pochte mir das Herz, und ich richtete den Blick nach unten, um niemandem im Gebäude ins Gesicht sehen zu müssen. Auf der Straße aber riefen mir die Leute zu: »He, du Schöner!«, »Hey, dein Face sieht total beat aus. Yeah, perfektes Styling!« und »You give me *liiife!*«. Ich war so stolz auf mich!

Aber noch hing das Coming-out gegenüber meinen Eltern wie ein Spinnennetz über mir, das ich nicht loswurde. Ich hatte höllische Angst, dass meine Eltern, wenn ich ihnen von meiner Homosexualität erzählte, enttäuscht sein würden und ich nie wieder nach Hause zurückkönnte. Mir fehlte immer noch der Mut, es ihnen zu sagen.

In der schwulen Jugendgruppe in der Kirche von Boston hatte ich einen mexikanischen Jungen kennengelernt, der sich seinen Eltern gegenüber geoutet hatte, verstoßen worden und dann als Flüchtling in die USA gekommen war. Es war ein süßer Junge, dem gerade der erste Bartflaum zu wachsen begann. Ich hatte Angst, dass mir dasselbe passierte. Zugleich wusste ich irgendwie, dass *sich nichts ändern wird, solange ich nichts sage*. Ich hatte das Gefühl festzusitzen, und die einzige Möglichkeit, mich vollständig zu befreien, war, mich vor meinen Eltern zu outen. Schließlich gewann der Wunsch nach Freiheit die Oberhand über die Angst vor Zurückweisung.

Schenke dir selbst endlich Luft zum Atmen

Als ich nach New York zog, fand ich einen Partner. Es war ein einfühlsamer Musiker mit dem schönsten Herzen überhaupt. Wir kamen online in Kontakt, und ich hatte vom ersten Tag an das Gefühl, ihn schon seit Jahren zu kennen. Wir verbrachten viel Zeit miteinander, und ich liebte ihn sehr. Oft spielten wir ein Miss-Universe-Frage-und-Antwort-Spiel miteinander. Wir schauten uns die Show an, und jedes Mal, wenn einer Vertreterin eine Frage gestellt wurde, drückte ich auf Stopp und bat ihn um die Antwort; zum Beispiel: »Was wärest du, wenn du dich als Lebensmittel beschreiben müsstest?« Darauf antwortete er: »Ich bin Honig; ich bin süß, natürlich und halte ewig.« Mein Herz schmolz dahin!

Ich wollte ihn unbedingt meinen Eltern vorstellen, und so schien mir das der perfekte Moment, mich zu outen. Als ich wieder zurück in Japan war, beschloss ich, mit ihnen zu reden und mit diesen ersten Worten über meine wahre Sexualität einen klaren Schritt in mein neues Leben zu tun.

Zuerst sagte ich es meiner Mutter. Ich wartete auf eine gute Gelegenheit, bei der wir alleine waren. Zu Beginn des Gesprächs hatte ich kalte Hände, der Atem stockte mir. »Wenn du nächstes Mal nach New York kommst«, sagte ich, »möchte ich dir jemanden vorstellen. Wir sind seit ungefähr vier Jahren zusammen, und es ist ein Mann.«

Nervös wartete ich auf ihre Reaktion, doch sie erwiderte nur: »Schon als kleiner Junge hast du immer gesagt, dass du nicht gern mit anderen Jungen zusammen bist. Ich hatte mir Gedanken darüber gemacht, das erklärt jetzt alles.«

Mir war überhaupt nicht klar gewesen, dass sie in meinem ersten Jahr in der Mittelschule eine psychiatrische Praxis aufgesucht hatte, um sich zu erkundigen, ob ich transgender sein könnte. Der Arzt hatte ihr geantwortet: »Eine Diagnose können wir erst stellen, wenn er 18 ist.« Sie hatte diese Ungewissheit also die ganze Zeit mit sich herumgetragen.

Als ich mich meinem Vater gegenüber outete, sagte er nur: »Ich verstehe. Mach, was du möchtest, schließlich ist es dein Leben.« Er klang weder bestürzt noch glücklich dabei, sondern war, wie sonst auch, gefasst. Ich konnte nicht heraushören, ob er es schon vorher gewusst hatte, aber es war ganz anders als erwartet. Mein Vater hatte schon immer diese Einstellung: »Es ist dein Leben, Kodo, also lebe, wie du möchtest.« Wenn es sich um wichtige Lebensentscheidungen für mich handelte wie damals, als ich in die USA ging, hat er sich mit Sicherheit Sorgen um mich gemacht, meine Entscheidungen aber immer mitgetragen. Bei meinem Coming-out hatte ich wirklich das Gefühl, dass er wollte, dass ich glücklich bin. Ich fühle mich gesegnet, Eltern zu haben, die mich unterstützen. Und ich weiß, dass es nicht für jeden und jede so leicht ist und so gut ausgeht. Daher tu, was sich für dich am besten anfühlt, wenn es darum geht, es deinen Freund*innen und deiner Familie zu erzählen.

Nun hatte ich erfolgreich eine entscheidende Hürde in meinem Leben überwunden und herausgefunden, dass meine Eltern mich so akzeptierten, wie ich bin. Der Anker, der mir das Herz in die Tiefe gezogen hatte, war plötzlich gehoben. Ich mache keine Witze. Mit Warpgeschwindigkeit katapultierte es mich vom Paläolithikum ins 30. Jahrhundert. Es war wie an der Stelle im *Zauberer von Oz,* wo die Welt plötzlich nicht mehr grau, sondern regenbogenfarben ist. Körper und Seele fühlten sich leicht wie eine Feder an, als würde ich gleich davonfliegen, und ich war über und über mit sprudelnden Lichtbläschen angefüllt!

Ich hatte Freunde gefunden, vor denen ich nichts zu verbergen brauchte und mit denen ich lachen und herumalbern konnte, worüber ich wollte.

Ich konnte ich selbst sein und brauchte nichts zu verbergen.

Das war nicht nur eine Generalüberholung meines Selbst. Im Alter von 24 Jahren war es der Startschuss für den authentischen Kodo Nishimura.

Endlich hatte mein Leben offiziell begonnen.

Dass ich mir selbst treu war, bedeutete Freiheit für mich.

Der Edle Achtfache Pfad

Egal, an welchem Punkt deiner Lebensreise du gerade bist – ob du gerade vorsichtig beginnst, anderen dein wahres Selbst zu zeigen, oder dich schon ein großes Stück auf das Leben zubewegt hast, das du gern führen möchtest –, es gibt da einige einfache und zugleich sehr kraftvolle buddhistische Lehren, die dir helfen können, deinen Weg zu finden. Sie sind Teil des Edlen Achtfachen Pfades, der uns Tugenden bietet, mit denen wir uns vom Leid befreien können. Diese Tugenden helfen uns, Verlangen und selbstzerstörerisches Handeln zu überwinden. Es sind:

- Rechte Erkenntnis
- Rechte Gesinnung
- Rechte Rede
- Rechtes Handeln
- Rechter Lebenswandel
- Rechtes Streben
- Rechte Achtsamkeit
- Rechte Sammlung

Rechte Erkenntnis bedeutet, die Dinge ohne jedes Vorurteil so zu sehen, wie sie sind. Wie du weißt, fühlte ich mich wegen meiner ethnischen Herkunft schlecht. Da fand ich eines Tages ein Fotobuch über die verschiedenen Volksstämme der Welt. Darin gab es Fotos von Kindern in der traditionellen Tracht ihrer jeweiligen Kultur. Die Kinder eines asiatischen Stammes hatten schmale Augen und einen stämmigen Körperbau, während die eines afrikanischen längere Beine und dunkle Haut hatten. Da wurde mir klar, dass es falsch ist, Ethnien zu labeln und als überlegen oder minderwertig hinzustellen. Wir stammen einfach von unterschiedlichen Volksstämmen und ethnischen Gruppen ab, und es ist dumm, sie miteinander zu vergleichen. Beim Blättern durch dieses Buch fand ich Schönheit in den verschiedensten Merkmalen meiner Mitmenschen.

In dem Augenblick spürte ich, dass ich mich mit der rechten Erkenntnis betrachtete. Unbeeinflusst von dem, was in den Medien vermittelt wird, schaute ich mir die Menschen als gleichwertige Vertreter der Menschheit an. Und das möchte ich dir auch empfehlen: Schau dir die Menschen der Welt einfach mal an.

Größe, Hautfarbe und Gesichtsform sagen nichts darüber aus, ob du schön bist oder nicht. Was dich leuchten lässt, ist das, was du aus dir machst.

Eines Tages sah ich ein Topmodel in einem neonlilafarbenen Outfit, das ihr überhaupt nicht stand, und kurz darauf eine ältere Dame, die kein Model war, aber ein korallfarbenes Kleid trug, das ihr wunderbar stand. Ganz ehrlich? Die reife Dame sah viel bezaubernder aus. Daher können wir uns nicht einmal auf die Jugend oder auf Körperproportionen verlassen. Künstlerischer Ausdruck ist etwas, das uns Hoffnung und die Kraft schenkt zu leuchten!

Rechte Gesinnung bedeutet, Entscheidungen mit Bedacht, frei von Ärger oder Wut zu treffen. Meine Mutter sagte einmal zu mir: »Sei nicht böse auf jemanden, weil er irgendetwas nicht kann.« Das möchte ich erklären. Ist jemand nicht so professionell, wie ich es von ihm erwarte, werde ich schnell ärgerlich. Würden aber jeder und jede ihre Arbeit perfekt machen, wäre die ganze Welt nahezu perfekt. Kann wiederum jemand anders meine Arbeit ebenso gut erledigen wie ich, bin ich leicht ersetzbar. So begriff ich, dass es in Ordnung ist, wenn Menschen nicht vollkommen sind. Es ist dumm zu erwarten, alle wären perfekt. Natürlich bin ich – wie du weißt! – in vielem nicht gut und würde auch nicht wollen, dass die Leute denken, ich könnte alles. Bin ich mir darüber im Klaren, kann ich anderen ruhig gegenübertreten. Ich bin entspannter und kann friedfertig und ohne Ärgernisse erreichen, was ich möchte.

Rechte Rede beinhaltet, dass wir nicht schlecht über andere sprechen und nicht lügen. Ich schäme mich, es zu sagen, aber ich verbrachte früher ganze Tage damit, parodistische Lieder zu verfassen, in denen ich mich über die kleinen Schwächen meiner Freunde lustig machte. Ich nahm diese Lieder auf und verschickte sie dann an andere Freunde. Das ist schlimm, ich weiß. Aber wenn dann die Person, über die ich mich lustig gemacht hatte, nett zu mir war, wurde ich rot vor Scham und bereute meinen Spott.

> Es ist sehr wichtig, anderen vorurteilsfrei zu begegnen und respektvoll über sie zu sprechen.

Rechtes Handeln ist eine Sammlung guten Benehmens, wie etwa nicht zu töten, zu stehlen oder zu betrügen. Wenn mir heutzutage ein Stück Pommes herunterfällt, dann hebe ich es auf. Es wäre ein Leichtes, mir keine Mühe zu machen und es liegen zu lassen, aber wie würde ich mich dann fühlen? Tue ich etwas, das mir das Gefühl gibt, ein guter Mensch zu sein, kann ich mich umso mehr lieben. Hintergehe ich jemanden und keiner merkt es, dann weiß trotzdem ich es! Ich bin mir so ziemlich aller Dinge bewusst, die ich wissentlich tue. Also entscheide ich mich, so zu leben, dass ich mich als die Person lieben kann, die ich bin.

Das ist für mich eine wichtige Lektion. Obwohl ich nicht allzu selbstbewusst bin, was mein Aussehen oder die Tatsache betrifft, wie gut ich bin, kann ich so handeln, dass ich mich mag.

Beim *rechten Lebenswandel* geht es darum, so zu leben, dass es weder dir noch anderen schadet. Als Junge war ich gewöhnlich von unglücklichen Menschen umgeben, die mich nicht respektvoll behandelten. Ich war ständig wütend und gab diese ganze Negativität letztlich auch an meine Freund*innen und Familie weiter. Als es mir dann besser gelang, mich selbst zu respektieren, und ich den Mut fand, Nein zu sagen und zu handeln, wenn es nötig war, machte mich das glücklich. Und es kam sogar noch besser: Ich begann, buddhistische Lehren weiterzugeben, mich für Gleichberechtigung einzusetzen und andere Menschen zu schminken, was mich wiederum noch glücklicher machte!

Rechtes Streben bedeutet, dass man versucht, ausgewogen zu leben. Da ich das gar nicht gut beherrsche, ist dies für mich eine sehr wichtige Lektion. Ich gehe gern früh schlafen, um morgens zu meditieren. Andererseits bleibe ich aber auch gern lange auf, um bis in die frühen Morgenstunden zu arbeiten.

Ich bin ein Perfektionist und liebe dieses Gefühl, meine Grenzen zu überwinden. Allerdings bin ich dann am Tag darauf völlig erschöpft und unproduktiv. Also bemühe ich mich um eine gesunde Lebensweise. Ich habe gelernt, dass eine gute Balance auch für meine Produktivität wichtig ist. Außerdem kann ich mit einem harmonischen Lebensrhythmus Dinge in regelmäßigem Tun erreichen. Es ist ein ständiges Hin und Her, und ich muss mich immer wieder selbst ermahnen.

Rechte Achtsamkeit entsteht, wenn man die Lektionen des Lebens gelernt hat und weiß, wie es geht, ein gutes Leben zu führen. Wenn die Welt um mich herum aus den Fugen gerät, verliere ich schnell den Boden unter den Füßen. Dann ist es sehr wichtig für mich, mit mir selbst zu sprechen. Um mir über meine Gefühle klar zu werden, schreibe ich gern meine Gedanken auf. Sobald ich die Ursachen meiner Sorgen oder Wut verstehe, legt sich die Erregung. Eine Freundin hat mir mal gesagt: »Sobald du die Lektion deiner schmerzhaften Vergangenheit gelernt hast, legt sich der Schmerz.« Wie du weißt, wurde ich oft sehr wütend auf Leute, die mich wegen meiner Sexualität demütigten. Aber ich begriff, dass sie aus Ignoranz so handelten. Diese Erfahrungen stärkten mich und gaben mir die Kraft, meinen Weg fortzusetzen. Heute kann ich sogar für den Schutz anderer eintreten. Ich lasse mich nicht gerne demütigen, bin aber zugleich froh, dass ich dieses Leid erfahren habe, weil es mir zu einem sinnvolleren Leben verholfen hat. Ich konnte ein Bewusstsein für die Dinge entwickeln, die geschehen sind, und meine Wut in Dankbarkeit verwandeln.

Bei der *rechten Sammlung* geht es darum, richtig zu meditieren und mit dem Herzen verbunden zu sein. Immer, wenn ich eine große Chance bekomme, meditiere ich zur Vorbereitung. Vor der Endauswahl des Miss-Universe-Wettbewerbs zum Beispiel, für die ich als Make-up-Artist beste Leistung liefern musste, meditierte ich und visualisierte, wie ich nach der Veranstaltung sehr zufrieden in mein Hotelzimmer zurückkehrte. In solchen Situationen sage ich mir, dass ich dankbar bin für die Chance, die ich bekommen habe, und dankbar, dass ich meinen Traum verwirklichen durfte und am Leben bin. Die Meditation hilft mir nicht nur, dankbar für das zu sein, was ich im Leben habe, sondern sie bereitet mich auch auf die Zukunft vor.

Bist du mental präsent, kannst du immer dein Bestes geben – ganz genau so, wie du es vorher visualisiert hast.

●

Veränderung benötigt Hingabe

Wie ich schon berichtet habe, kehrte ich mit 24 für eine Weile nach Japan zurück, um mich zum Mönch ausbilden zu lassen. Ich fand, dass ich meine Sexualität gegenüber den anderen Novizen nicht öffentlich zu erklären brauchte, und hielt deshalb den Mund. Zugleich hatte ich ein wenig Angst, dass sie sich über mich lustig machen könnten.

Als der Unterricht für Männer und Frauen getrennt stattfand, dachte ich: *Sind wir getrennt, damit es keine Versuchung vom anderen Geschlecht geben kann? Aber was ist dann mit mir?* Meine Sexualität wurde nicht berücksichtigt. Der Unterricht war, kurz gesagt, streng. Entspannen konnten wir uns nur, wenn wir badeten, sodass sich dort alle gehen ließen. Für mich war es unangenehm, mit 90 anderen Männern zusammen zu baden. Scheußliche Flashbacks aus meiner Oberschulzeit kamen hoch. Einmal näherte sich mir, als ich mir gerade die Unterhose auszog, einer der anderen Novizen, der herumlärmte wie ein Baby-Godzilla. Plötzlich sprach er mich direkt in voller Lautstärke an: »Hey! Als ich dich das erste Mal sah, dachte ich, du wärst eine Schwuchtel.«

Es waren noch andere in der Nähe, natürlich ebenso nackt. *Wieso redet er davon? Und wieso hier und jetzt?*, dachte ich. Ich fühlte mich exakt so wie in der Oberschule, als jemand gesagt hatte: »Dieser Nishimura da. Der ist ein Homo, oder?«

Aber während ich noch überlegte, was ich tun sollte, wurde mir klar, dass ich, wenn ich dieses Mal lügen würde, nicht anders wäre als damals der Schüler, der wie eingefroren vor der Tafel gestanden hatte. Ich musste mich hier und jetzt dem Wandel stellen. Die ganzen glücklichen Momente liefen als Flashback vor meinem inneren Auge ab: meine spanischen Freunde, die mutigen Anführer der LGBTQIA*-Szene, der regenbogenfarbene Micky-Maus-Sticker und das Meer an Menschen auf der Pride Parade ... Sie alle waren auf meiner Seite, nichts war verkehrt an mir, selbst wenn mich jemand demütigen wollte. Wenn ich meine Grundhaltung nicht änderte, würde ich mich mit der Auffassung einverstanden erklären, dass Homosexualität etwas Beschämendes sei. In der Oberschule hatte ich den Mund gehalten, um nicht gedemütigt zu werden, aber war ich jetzt noch derselbe Mensch? Wer würde sich ändern, wenn ich es nicht tat? Auch Japan würde sich nie ändern. Es ging also um »jetzt oder nie« ... Ich atmete tief ein, hielt die Luft an und sammelte all meinen Mut zusammen. Dann antwortete ich: »Ja, das bin ich.«

Der Fiesling war überrascht. Aber dann fing er an, aufdringliche Fragen zu stellen wie: »Heißt das, du hast Analsex?« Auf solche Fragen wollte ich nicht antworten; das war nichts anderes als sexuelle Belästigung, ganz unabhängig von meiner Sexualität. Da unterbrach ihn ein Freund von mir und sagte:

Schreib dir selber einen Brief

Manchmal schreibe ich mir für mein künftiges Selbst Sachen auf wie: »Willkommen daheim, du hast dein Projekt erfolgreich abgeschlossen. Herzlichen Glückwunsch!« Zu Hause, bin ich dann glücklich, dass alles so gut gelaufen ist – genau, wie ich es mir aufgeschrieben hatte! Aber es geht nicht nur ums Beten, Meditieren und Visualisieren. Diese Übung kann nur funktionieren, wenn du genügend Arbeit in eine Sache hineingesteckt hast und dich der Ausgang immer noch nervös macht. Ich liebe das Gefühl, nach einem herausfordernden Tag mit einem Brief von mir willkommen geheißen zu werden.

1. Denk an etwas Wichtiges, das dir bevorsteht.

2. Jetzt schreib dir einen Glückwunschbrief – so, als hättest du es bereits erfolgreich hinter dir!

3. Leg die Nachricht irgendwo ab, wo du sie später finden kannst.

4. Wie fühlst du dich, wenn du wieder nach Hause kommst und diese Nachricht liest? Lass deinen Tag Revue passieren.

»Kodo arbeitet als Make-up-Artist in New York, er macht die Maske beim Wettbewerb für Miss Universe. Hast du das gewusst?«

Als der ausfällige Typ das hörte, war er noch überraschter. Ich zog mir meine Novizenrobe über und machte mich auf den Weg zum Schlafsaal, als ich jemanden hinter mir hörte. »Viel Glück in New York!«, sagte derselbe Typ, der mich vorher angemacht hatte. Ich hatte gedacht, er wäre mein Feind, und jetzt ermutigte er mich? Wie konnte das sein?

Mir wurde klar, dass sich durch meine Selbstsicherheit, meinen Mut und meine ehrliche Antwort auch seine Haltung geändert hatte. Ich war so stolz, dass ich durch mein sicheres Auftreten die Einstellung von jemand anderem verändert hatte. Hätte ich auch nur einen Hauch von Zweifel oder Scham in mir gehabt, wäre die Geschichte vielleicht ganz anders ausgegangen. Der Schlüssel war, dass ich nicht nur zu mir selbst gestanden, sondern zugleich auch an andere in einer ähnlichen Lage gedacht hatte. Würde ich auch für sie einstehen? Es war definitiv leichter, andere mit einzuschließen, als nur an mich zu denken. Etwas für andere zu tun, kann unglaublich motivierend sein.

Bleib deinem Weg treu

In der japanischen Kultur ist es üblich, feinste Ausdrucksveränderungen zu registrieren und die Atmosphäre wahrzunehmen. Daher war es, als ich in die USA kam, ganz ungewohnt für mich, laut auszusprechen, was ich dachte. Zuerst glaubte ich, die Leute würden mich auch verstehen, wenn ich nichts sagte, und war beleidigt, wenn das nicht der Fall war. Doch damit zog ich den Kürzeren. Ich lernte zu sagen, was ich dachte – und das löste viele Probleme.

Wenn du dich lieben möchtest, musst du Grenzen ziehen und dich schützen. Und häufig wirst du klar aussprechen müssen, was du nicht willst.

Als ich durch mein Leben im Ausland lernen musste, meine Gefühle auszudrücken, gehörte dazu auch, mich nicht nur auf die Fakten zu konzentrieren, sondern mich besser mitzuteilen. Zum Beispiel gab mir bei meiner Arbeit als Make-up-Artist in L.A. die Teamleiterin regelmäßig Aufträge wie Einkäufe erledigen oder Hausputz, die überhaupt nichts mit meiner eigentlichen Aufgabe zu tun hatten. Ich sagte mir: *Dafür habe ich meinen Arbeitsvertrag nicht unterschrieben,* und war zunehmend verärgert. Es machte mich unglücklich, weil ich das Gefühl hatte, dass meine beruflichen Qualitäten nicht gewürdigt wurden.

Aber gerade weil ich mit einer positiven Haltung arbeiten und nicht vor mich hinschmollen wollte, gab ich mir einen Ruck und sagte: »Ich schätze dieses Team und will ehrlich sein, weil ich möchte, dass die Atmosphäre für alle Beteiligten gesund und fröhlich bleibt. Von mir werden Extratätigkeiten erwartet, die mit meiner Arbeit nichts zu tun haben. Ich bin traurig und enttäuscht, weil mir scheint, dass meine Zeit und meine Qualitäten nicht respektiert werden.« Beachte, dass ich nicht sagte: »Warum muss ich einkaufen gehen und das Haus sauber machen? Ich kündige!« Stattdessen konzentrierte ich mich auf die Tatsache, dass ich die anderen wertschätzte und wollte, dass alle glücklich waren. Außerdem erklärte ich, wie ich mich fühlte. Denn die Teamleiterin konnte zwar vielleicht meine Extraaufgaben begründen, mir aber nicht absprechen, wie ich mich dabei fühlte.

Sie entschuldigte sich sofort, und ich spürte, dass ich mir

Achtung verschafft hatte. Mein konstruktives und zugleich entschiedenes Verhalten stärkte meine Stellung im Team. Wenn du dich also über irgendetwas beschweren willst, stell sicher, dass du Folgendes betonst: »Ich respektiere das Team. Deshalb muss ich ehrlich sein und möchte den anderen unbedingt gerecht werden.« Und dass du erklärst, wie du dich fühlst, denn das kann dir keiner wegnehmen.

Und hier noch eine Möglichkeit, ein Gefühl zu kommunizieren, das schwer für dich auszusprechen ist. Einmal lud mich eine Freundin, die ich wirklich sehr mag, zum Essen ein. Zugleich hatte sie aber noch jemanden eingeladen, mit dem ich mich wirklich schwertue. Also sagte ich ehrlich zu ihr: »Ich mag dich wirklich sehr, aber mit deiner Freundin fühle ich mich unwohl. Wenn es nur wir beide sind, komme ich gern, denn mit dir bin ich sehr verbunden und kann offen und ehrlich reden.« Hätte ich in ihren Schuhen gesteckt, dann hätte ich gedacht: *Danke, dass du mir das gesagt hast, denn du bist mir ein kostbarer Freund, und ich möchte dich nicht in eine unangenehme Lage bringen.* Ich wäre der anderen Person dankbar dafür, dass sie ehrlich sagt, wie sie sich fühlt. Wenn du Angebote ausschlägst, tu es mit klarem Respekt für dein Gegenüber und lass es wissen, dass dir seine Werte wichtig sind. Natürlich schaffe ich es trotz größter Bemühungen nicht immer, meine Botschaft zu vermitteln, und vielleicht zerbricht die Freundschaft auch daran. Schließlich kann man sich nicht mit jedem Menschen auf der Welt gut verstehen, auch wenn ich mir das wünschen würde. Und selbst wenn ich mich immer wieder daran erinnern muss, weiß ich, dass ich in dieser Freundschaft gelernt habe, was es zu lernen gab, und lasse sie los.

Niemand spricht gern über unangenehme Dinge. Das gilt besonders dann, wenn dir dein Gegenüber viel bedeutet. Bist du dir darüber im Klaren, dann kannst du anfangen, das, was dir nicht gefällt, auf positive Weise zu äußern, und dies

»Wer mich nach Hautfarbe
oder Körpergestalt bewertet,
ist von Gier und Verlangen
beherrscht und kennt
mein wahres Selbst nicht.«

Udanavarga, 22:12

vielleicht sogar als Gelegenheit nutzen, dir Respekt zu verschaffen.

> Jeder und jede reagiert unterschiedlich auf ein und dasselbe Ereignis. Wir können nicht erwarten, dass jemand etwas auf eine bestimmte Weise empfindet.

Wenn uns etwas beunruhigt, wenn Leute uns mit irgendetwas, was sie sagen, traurig machen oder wenn uns ganz plötzlich etwas verärgert oder irritiert, sprechen wir von »Verärgerungstriggern«. Identifiziere deine Trigger und versuche, sie zu analysieren. Sobald du auch noch verstehst, auf welche Trigger dein Gegenüber anspringt, findest du vielleicht einen Weg, negative Gefühle anders anzusprechen und zu beruhigen.

Ich wurde zum Beispiel immer böse, wenn ich nicht sofort eine Antwort auf eine von mir gesendete Nachricht erhielt. Ich fühlte mich nicht ernst genommen oder vernachlässigt, dabei war das gar nicht immer der Fall. Jeder und jede hat ein eigenes Leben, und manchen ist die direkte, persönliche Kommunikation einfach wichtiger. Ein Freund von mir schaute im Zusammensein mit mir nie auf sein Handy. Das heißt, er antwortete in dieser Zeit auf keine einzige Nachricht von anderen; das hieß aber nicht, dass er sie ignorierte. Ich musste also lernen, dass etwas, was für mich normal war, nicht unbedingt für andere zutreffen musste. Diesen Trigger habe ich inzwischen gezähmt. Ich muss nur begreifen und anerkennen, dass jemand anders womöglich anders tickt als ich.

Finde einen »Mittelweg«

Wenn wir hinaus in die Welt gehen, werden wir unweigerlich Leid erfahren und auf Menschen treffen, die nicht mit uns übereinstimmen und umgekehrt. Wir sollten einfach, so gut es geht, uns selbst treu bleiben und sowohl Extreme wie auch Verurteilungen vermeiden. Auf der Suche nach seinem Weg verbrachte Siddhartha Gautama sechs Jahre darbend und hungernd im Wald. Er lernte, dass diese extreme Härte ihn der Erleuchtung nicht näherbrachte. Zugleich erlangen wir seiner Aussage gemäß Erleuchtung nicht, wenn wir unserem Verlangen nachgehen. Somit sind eine gute Balance und ein Leben in Übereinstimmung mit sich selbst der beste Weg nach vorn.

Wie gesagt, arbeite ich an einem Projekt gern so lange, bis ich buchstäblich betäubt bin, zur Not auch die ganze Nacht durch. Zugleich weiß ich, dass es weder tragbar noch gesund ist, so lange aufzubleiben. Wenn ich so weitermache, stürzt mein Lebensrhythmus ins komplette Chaos und macht mich womöglich schnell krank. Also sage ich mir: *Nimm den Mittelweg! So harte Arbeit kann selbstzerstörerisch sein, also geh lieber schlafen und mach morgen weiter!* Meiner Meinung nach ist es zwar wichtig, die eigenen Grenzen zu brechen, um wachsen zu können, aber es braucht auch eine gewisse Ausgewogenheit.

Wenn wir uns exzessiv bemühen, sehen wir den Exzess und nicht die Schönheit.

Feiern wir die Diversität

Warum versuchen wir, so zu sein wie alle anderen, wenn wir ja doch nicht alle gleich sein können? Feiern wir uns und andere lieber und gerade wegen unserer Unterschiede. Ich finde es großartig, wenn Menschen nach Diversität streben und Geschlecht, ethnische Herkunft, Religion, Alter usw. würdigen. Wenn in einem Team unterschiedliche Fähigkeiten vorhanden sind, ist das eine Win-win-Situation für alle; es stärkt und bereichert die Gruppe im Ganzen. Ist das etwa kein ideales Modell für die Gesellschaft?

In der Wirklichkeit lauern jedoch unter der Oberfläche immer noch Vorurteile und Diskriminierung. Ich höre zum Beispiel oft Männer sagen: »Sie ist als Frau zu sehr von sich überzeugt und zu direkt« oder »Sie hat die Männer um den kleinen Finger gewickelt«. Und Frauen sagen oft über Männer: »Männer sind eben einfach zu einfältig« oder »Er sollte endlich seinen Mann stehen!«. Sie sagen das so, als wäre es völlig normal. Aber mich als jemanden, der sowohl Männer wie Frauen mit ihren Gefühlen versteht, ärgert das. Andere merken es meist gar nicht, aber mir begegnen tagtäglich eine Menge Situationen, in denen ich sagen möchte: »Achtung: Vorurteil!« Wer wir sind und wie wir leben möchten, ist nicht durch unser biologisches Geschlecht definiert.

Zwar identifiziere ich mich als eher femininer Typ, aber ich habe keinen weiblichen Körper. Bei einer Veranstaltung mit dem Titel »Let's Talk« unter der Leitung des Bevölkerungsfonds der Vereinten Nationen in Japan, zu der ich eingeladen war, hatte ich jedoch das große Glück, etwas über den weiblichen Körper zu erfahren. Dort sah ich Filme über Menstruation und erfuhr zum ersten Mal detailliert etwas über diesen Vorgang. Danach befragte ich Freundinnen und weibliche Familienmitglieder. Ich erfuhr, dass es, obwohl sie es allmonatlich erleben, nicht immer einfach für sie ist und dass sie es durchaus schätzen, wenn man Verständnis für sie hat und sie unterstützt. Außerdem probierte ich einmal selbst eine Binde und erlebte, wie unbequem so etwas sein kann. Dadurch, dass ich meine Komfortzone verließ, erlebte ich aus einer völlig neuen Perspektive, wie ich anderen helfen kann, und fühle mich seitdem nützlicher. Inzwischen kann ich womöglich als Brücke fungieren und andere ermutigen, sich über Menstruation zu informieren, damit das damit verbundene Stigma endlich ein Ende hat.

Auch wenn ich laut unserem Familienstammbuch männlichen Geschlechts bin, kann ich sehr gut Make-up auflegen und dich darin beraten, wie du stilsicher mit High Heels laufen kannst. Egal also, welches Geschlecht eine Person hat, man sollte sie nicht in eine Schublade stecken, bloß weil andere denken, sie sollte »so und nicht anders« sein. Und egal, welches Geschlecht jemand hat, sollten wir ihm nicht ein »Du musst so und nicht anders sein«-Ideal überstülpen. Außerdem sollte niemand unbesehen einer bestimmten Gruppe zugeordnet werden. Für mich erkennt eine diverse Gesellschaft jede unserer besonderen Eigenschaften an; sie schätzt die individuelle Geschichte und Einzigartigkeit jedes Menschen und weiß sie zu nutzen.

In Japan heißt es oft: »Als Japaner sollten Sie diese chinesischen Buchstaben kennen« oder »Sie sollten sich wie eine Erwachsene benehmen«. Aber ich finde, solchen Sätzen mangelt es an Taktgefühl. Es gibt Japaner*innen, die in Brasilien aufgewachsen sind und Japanisch nicht sprechen können. Es gibt Menschen, die über 18 sind und nie lesen gelernt haben. Wie würden sie sich angesichts solcher Statements fühlen?

Wir können nicht erwarten, dass sich Menschen aufgrund ihrer Merkmale – wie ihres Geschlechts, ihrer ethnischen Herkunft oder Nationalität – auf eine bestimmte Weise verhalten. Die Seele hat weder ein Geschlecht, noch eine ethnische Herkunft oder Nationalität. Unsere Körperattribute mögen einander ähneln, aber wir werden nicht auf die gleiche Art denken. Wir könnten zum Beispiel annehmen: »Du bist eine trans Frau, also magst du Männer, oder?« Dabei ist eine trans Frau einfach nur eine Frau. Durch bloßes Hinsehen können wir nicht wissen, wen sie liebt.

Nur weil Leute, die wie du aussehen, eine bestimmte Art von Musik hören, heißt das noch lange nicht, dass du mit ihnen zusammen tanzen musst.

3

Wir sind
alle gleich

3
Wir sind alle gleich

Öffne dein Herz und feiere,
dass wir alle gleich und kostbar sind.

Im Buddhismus gibt es ein wichtiges Prinzip, das sich »bedingtes Entstehen« nennt. Dahinter steht der Glaube, dass es für alles einen Grund gibt. Nichts existiert aus sich allein heraus; es wird immer Welleneffekte zwischen den Dingen und Kettenreaktionen geben. Wir stecken also in einem Kreislauf von Ursache und Wirkung. Den eigenen Platz darin zu finden, ist nicht ganz leicht. Ebenso wenig, unsere versteckten Vorurteile und die Art und Weise anzuerkennen, wie diese wiederum andere beeinflussen.

Wir kritisieren zum Beispiel gern Leute wegen ihres Handelns oder irgendeiner Meinung. Vielleicht benimmt sich jemand diskriminierend gegenüber LGBTQIA*, aber nicht etwa, weil er oder sie grundlos Hass gegen jemanden richten will. Vielleicht ist diese Person einfach in keinem weltoffenen Umfeld aufgewachsen. Oder sie ist mit kulturellen oder religiösen Werten erzogen worden, die LGBTQIA*-feindlich waren. Vielleicht ist sie auch einfach nicht sehr glücklich mit sich und möchte irgendjemanden für ihre Misere verantwortlich machen.

Wir können diese Person für ihre Meinung zur Verantwortung ziehen – und bis zu einem bestimmten Punkt ist das nicht verkehrt –, aber wir müssen weiterdenken. Was bringt sie zu diesem Hass, und warum hat sie so andere Vorstellungen? Klug wäre es, unsere Reaktionen wirklich zu durchdenken und Abstand von der eigenen Wut zu gewinnen. Es ist leichter, mit Leuten umzugehen und sie zu verstehen, wenn wir die Geschichten, die hinter ihnen stehen, und ihren jeweiligen Kontext begreifen. Hass aus nächster Nähe fällt schwerer, um es mit Michelle Obamas Worten zu sagen. Fokussieren wir uns also lieber auf die Ursache und nicht auf die Wirkung. Wenn wir begreifen, woher bestimmte Überzeugungen kommen, können wir einander besser verstehen.

Jetzt rücke ich mit ein paar Geschichten heraus, die ich bisher unterschlagen habe, so gut es ging. Ich schreibe sie hier auf, damit wir auf Augenhöhe sind, wenn es ums Beichten geht.

- Ich komme aus einem privilegierten Haushalt
- Ich urteile schnell
- Ich hatte immer große Mühe, über mein sexuelles Begehren zu sprechen

> Du wirst erst dann dein wahres Ich leben können, wenn du dich dem stellst, was du ganz besonders vermieden hast.

●

Ich versteckte meine Sexualität und meine Privilegien

Ich komme aus einer wohlhabenden Familie, besonders im Vergleich zu den Menschen, mit denen ich aufwuchs und als Kind meine Zeit verbrachte. Meine Familie leitet einen Tempel und besitzt Immobilien, die wir vermieten. Mein Vater war Universitätsprofessor mit einem guten Einkommen, sodass es uns finanziell nie an etwas mangelte. Ich konnte in den USA auf eine teure Universität gehen und musste nie Teilzeit arbeiten, nur um Geld zu verdienen. Da ich deshalb oft von anderen beneidet wurde, vermied ich Gespräche über meine finanziell privilegierte Lage.

Als ich in New York war, lernte ich eine junge Frau kennen, die sagte, sie esse häufig Instantnudeln, um zu überleben. Sie hatte drei Jobs, um sich ihre Träume zu erfüllen. Und ein Freund wandte sich plötzlich von mir ab, weil ich meinen Besuch bei Disney World erwähnt hatte, mit der Begründung, er reiße sich den Hintern auf und werde trotzdem nie in seinem Leben den Luxus genießen können, zu Disney World oder in ein feines Restaurant zu gehen. Und dann gab es da einen älteren Mann, der meine Freund*innen und mich kritisierte, weil uns unsere Eltern die Studiengebühren bezahlten. Wir seien Drückeberger und Faulpelze, während er in der Vergangenheit unter Nöten unermüdlich hätte arbeiten und seine Freunde um etwas zu essen bitten müssen.

Ich litt als Jugendlicher unter Einsamkeit und wollte nicht noch isolierter sein, weil andere womöglich dachten, dass ich es leichter im Leben hätte. Wenn ich mich schick machte, achtete ich darauf, niemanden auszustechen, um nicht beneidet zu werden. Ich fand immer einen Grund, mich selbst herabzusetzen, um nicht so viel Aufmerksamkeit zu erregen oder Eifersucht hervorzurufen und dann wieder alleine dazustehen. Ich wollte nicht allzu perfekt, gesund oder glücklich erscheinen. Ich ging spät schlafen und strapazierte meine Gesundheit, weil ich nicht so strahlend wirken wollte. Je bekannter und erfolgreicher ich mit meiner Arbeit wurde, desto mehr nahm mein Drang zu, mich unsichtbar zu machen.

Ich begann mich zu fragen: *Wie kannst du als Mensch wachsen, wenn du dich selbst ständig kleiner zu machen versuchst, als du bist?* Doch dann wurde mir klar, dass manche Leute gerade deshalb sauer auf mich waren, weil ich mit meinem wahren Ich hinterm Berg hielt und davon ausging, andere Leute hätten weniger Glück als ich. In einem Gespräch mit einem Freund begriff ich, dass Transparenz den Weg zu einer guten Verbindung mit den Menschen ebnet. Weil ich glücklich und privilegiert bin, kann ich anderen helfen, die Leiter der Hoffnung zu erklimmen. Es gibt Dinge, die ich tun kann, weil ich mein wahres Ich nicht mehr verberge.

Außerdem habe ich erlebt, welche Kehrseiten ein privilegiertes Leben haben kann: Meine Arbeit als Make-up-Artist hat mich in ein exklusives Umfeld geführt und mir die Begegnung mit extrem reichen, schönen Menschen ermöglicht. Ich lernte eine Dame kennen, die in einem riesigen, mit flauschigen Teppichen ausgestatteten, blumenüberfüllten Apartment in Manhattan wohnte. Sie hatte Angestellte, die sich um sie kümmerten, aber ich spürte, wie allein sie sich fühlte und wie sehr sie darunter litt, dass ihre Kinder nichts von ihr wissen wollten. Und ein atemberaubendes Model, das ich kennenlernte, weinte, während ich ihm Make-up auftrug, weil es in einer missbräuchlichen Partnerschaft lebte. Ich begriff, dass echtes Glück nichts mit Geld und Schönheit zu tun hat.

> Glück ist wie der Wind.
> Du kannst nach draußen gehen,
> wo du ihn überall findest –
> oder du bleibst drinnen, ignorierst
> ihn und verpasst die Chance,
> seine Brise wahrzunehmen.

Lass deine Kritiksucht los

Ich urteile sehr schnell. Wundert dich das? Ich bin ein Meister im Aufspüren von Fehlern. Ich weiß genau, ob jede deiner Haarsträhnen in die richtige Richtung fällt und ob deine Fingernägel sauber geschnitten sind; ich finde die Falten in den Kleidern und weiß sogar, wie du dich fühlst, weil ich die feinen Nuancen in deiner Mimik lesen kann. Ich erkenne schon an der Art, wie du dich gebärdest, ob du in deinem Zuhause Ordnung hältst!

Als ich zu einer öffentlichen Persönlichkeit geworden war, wollte ich noch etwas von mir verborgen halten: Ich war zweifellos ein schrecklicher Mensch, weil ich am liebsten stürmische Tage mochte, die andere anscheinend hassten. Ich war glücklich, wenn andere unglücklich waren.

Meine Sexualität und meine zu Ekzemen neigende Haut waren definitiv viele Jahre die Hölle für mich. Ich hasste jeden und jede, der oder die heterosexuell war und eine glatte Haut hatte. Ich fühlte mich so hässlich und pummelig, dass ich weder in den Spiegel schauen noch Fotos von mir ansehen mochte. Wegen meiner Augenform lächelte ich nie, und wenn ich es doch versuchte, fand ich nur: »Ich sehe gruselig aus.« Diese Wut brachte meine Haut nur umso mehr zum Jucken, ich kratzte mich am ganzen Leib und fühlte mich nur noch elender und hoffnungsloser.

Wenn ich mich in der Schule isoliert fühlte – was in der Oberschule praktisch jeden Tag der Fall war –, hatte ich für jeden und jede in der Klasse irgendein Urteil parat. Ich dachte mir: *Dieser Typ hat einen scheußlichen Haarschnitt.* Oder: *Ihr Make-up ist furchtbar. Hat sie denn morgens keine Zeit, sich vorzeigbar zu machen?* Häufig dachte ich: *Keiner ist hier gescheit* oder *Alles Vollidioten*. Sogar über die Freund*innen, die ich in den USA gefunden hatte, machte ich mich anhand der schon erwähnten Parodien lustig. Ich kritisierte sie für alles

»Wer zuschlägt, trifft auf jemanden, der zuschlägt; ein Feind trifft auf Feindschaft; ein Täter trifft auf Opfer; und ein Wütender trifft auf Wütende.«

Udanavarga, 14:3

Mögliche: ihre Kleider, ihre Körpermerkmale, ihr Alter und Benehmen, ihren Hintergrund oder ihre Ausbildung. Im Handumdrehen machte ich die Schwächen anderer aus und frotzelte sogar über ein zu billig riechendes Waschmittel oder mangelnden Erfolg.

Ich konnte es nicht ertragen, wenn andere Leute glücklich waren und Erfolg hatten, weil ich so wütend über meine Sexualität und darüber war, dass die Welt mich ablehnte. Ich war jahrelang böse, gemein und gehässig. Selbst heute kommen diese Gefühle noch manchmal hoch. Wenn du aber die Schwächen von allen in Sekundenschnelle auf den Punkt zu bringen vermagst, dann findest du auch jede Menge Schwächen bei dir selbst. Es gab unendlich vieles, was ich an mir hasste, und ich begriff, dass ich, solange ich weiterhin andere Menschen verurteilte, auch mich selbst nie würde lieben können. Als ich beschloss, mich selbst zu lieben, wurde mir klar, dass der Hass auf andere mir in keinster Weise bei diesem Unterfangen helfen würde.

Was du anderen tust, wird sofort auf dich zurückgeworfen.

Heute geht es mir um vieles besser. Wenn ich zurückdenke, begann dieser Wandel mit der Begegnung mit Menschen wie Chechi und Kami, die mich akzeptierten, und mit meinem Coming-out vor meinen Eltern.

Gäbe es kein sexuelles Begehren, wären die Menschen inzwischen ausgestorben

Wie du weißt, wollte ich mein Interesse an anderen Männern viele Jahre nicht zeigen. Die Leute sollten nicht denken, ich wäre eklig oder pervers. Und was es noch schlimmer machte:

Als buddhistischer Mönch wollte ich schon wegen der Ordensregeln nicht, dass irgendjemand über meine Sexualität Bescheid wusste. Aber ich bin nur ein Mensch und habe natürlich sexuelle Wünsche. Heute bin ich fest entschlossen, mich nicht mehr dafür zu schämen. Außerdem kenne ich Wut, Eifersucht und andere schwierige Emotionen.

In Japan dürfen Mönche heiraten und Kinder bekommen, während sie in Thailand zölibatär leben. Zu viel Verbot kann aber auch negative Konsequenzen haben. Ich habe einmal einen Dokumentarfilm über eine Gruppe thailändischer Mönche gesehen, die Nonnen sexuelle Gewalt antaten, und eine Sexualtherapeutin sagte mir, manche Menschen könnten ihr sexuelles Begehren nicht komplett unterdrücken, und daher sei es auch nicht gesund für sie, es mit aller Gewalt zurückzuhalten. Andererseits ist mir natürlich klar, dass Geschlechtskrankheiten und HIV durch häufige und ungeschützte sexuelle Kontakte weitergegeben werden können. Ich denke, dass ebenso wie Alkohol auch andere Dinge nur in Maßen gut sind. (In diesem Sinne, liebe Freund*innen, informiert euch bitte über Safer Sex und vor allem über HIV-PrEP, eine Pille, die man täglich oder vor und nach sexuellem Kontakt einnimmt und die zu 99 Prozent vor einer HIV-Infektion schützt. Homosexuelle Männer haben eine erhöhte HIV-Infektionsrate – lasst uns daher die Community gemeinsam unterstützen.)

Bin ich also ein Heiliger, der im Frieden mit sich lebt? Absolut nicht! Als ich anfangs in den Medien erschien, kam ich mir vor wie einer, der vorgibt, die Kurve gekriegt zu haben – Stichwort Hochstaplersyndrom. Wenn du dir deine Gefühle nicht zugestehst, lebst du nicht als vollwertiger Mensch. Wozu lebte ich, wenn ich nicht ehrlich mit meinen Gefühlen umging? Wollte ich etwa anderen gefallen? Wegen meiner Identität als Mönch fühlte ich mich wie in einem Käfig.

Nur wenn du selbst glücklich bist, kannst du auch andere glücklich machen.

Dann las ich mir die Ordensregeln noch einmal durch. Darin kamen eine Menge Anekdoten vor, in denen Mönche es Frauen gegenüber an Respekt mangeln ließen, indem sie sie anspuckten oder missbrauchten. In diesen Geschichten wurde sexuelles Begehren an sich nicht als etwas Schlechtes dargestellt, es durfte nur – vereinfacht gesagt – nicht von schlechten Absichten und Manieren angetrieben sein. Ebenso hieß es darin, dass sexuelles Begehren niemals aufhört, die Menschen also daran hindert, Frieden zu finden. Es kann süchtig machen und, wie ich selber nur zu gut weiß, Leid verursachen.

Ich begriff, dass an diesen Gefühlen nichts verkehrt ist und dass der Buddhismus sie nicht verurteilt. Er sagt nur, dass es falsch ist, Menschen respektlos zu begegnen, und dass sexuelles Begehren uns davon abhalten kann, im Frieden zu sein, weil wir dann noch mehr davon wollen. Dazu hat ein Freund einmal gesagt: »Sünder sind näher an der Lehre dran, weil sie ihre Bedeutung wirklich verstehen können.«

Als ich das begriff, akzeptierte ich mein Begehren, und inzwischen macht es mir nichts mehr aus, mit anderen über meine Sexualität zu reden. Ich bin lebendig und habe Sehnsüchte, und das ist nicht verwerflich. Wenn ich mich entscheide, auf etwas zu verzichten, dann nicht, weil es in den Lehren so geschrieben steht, sondern weil ich den Sinn einer Lektion aus erster Hand erfahren habe; ich weiß, dass ich nie etwas lernen werde, solange ich es nicht eigenhändig erfahre. Heute möchte ich dich ermutigen, dir keinen unnötigen Stress zu bereiten und deine Emotionen nicht zu unterdrücken. Denn sonst bekommst du womöglich das Gefühl, gar nicht richtig zu leben, und lässt deinen Frust an anderen aus.

Mir ist meine positive Grundeinstellung jedenfalls nicht von Natur aus gegeben. Negative Situationen konnte ich überwinden, weil ich meine Grenzen überwand. Solange ich mein wahres Ich verborgen hielt, konnte ich nicht wachsen. Ebenso wenig, solange ich Menschen so sehr hasste, dass ich auch mich hasste, und solange ich meine Gefühle so tief in mir begrub, dass ich mich gar nicht mehr lebendig fühlte. Ich konnte meine Begrenzungen aufsprengen und die Lehren schließlich persönlich wertschätzen.

Bei der Mönchsausbildung begegnete mir eine erstaunliche buddhistische Ordensregel: »Es ist eine Sünde, dein Herz anzulügen.« Bis vor Kurzem belog ich mich, indem ich unbewusst an das glaubte, was die Gesellschaft idealisierte. Heute wünsche ich mir nicht mehr, was alle anderen zu wollen scheinen, sondern finde es viel besser, in Übereinstimmung mit dem eigenen Herzen zu leben.

Ich muss mich nicht mehr schämen, wenn ich mich gut fühle, und habe keine Angst mehr vor Transparenz, denn nur so ist es mir möglich, andere zu inspirieren. In Wahrheit kannst du dich auch dann schön, gesund und glücklich fühlen, wenn du schon mal am äußersten Tiefpunkt warst. Dafür bin ich der lebende Beweis!

Entdecke die Vier Edlen Wahrheiten

Es gibt vier Überzeugungen, die die Essenz der buddhistischen Lehre enthalten. Hier sind sie:

Die Wahrheit von Dukkha: die Tatsache, dass Leid im Leben existiert. Leid wird es geben, solange wir als Menschen nach Dingen verlangen.

Die Wahrheit über die Ursache von Dukkha: die Tatsache, dass es Gründe für dieses Leid gibt. Das Leid ist aufgrund unseres Verlangens unablässig da.

Die Wahrheit über das Ende von Dukkha: die Tatsache, dass du, wenn du das Verlangen verringerst und recht handelst, vom Leid befreit sein und Erleuchtung erlangen wirst.

Die Wahrheit über den Pfad, der zum Ende von Dukkha führt: die Tatsache, dass der Weg zur Erleuchtung über den Edlen Achtfachen Pfad führt (siehe Kapitel »Finde deinen Weg«).

Ich dachte immer, dass ich in einer Partnerschaft leben müsste, um glücklich sein zu können, und dass ich es nicht verdiente, geliebt zu werden, wenn ich nicht schön und selbstsicher wäre. Ich litt, weil ich keinen Freund hatte, und gab mir selbst die Schuld. Ich bemühte mich um mehr Attraktivität und Selbstsicherheit, war aber nie zufrieden mit mir. Ich dachte, ich könnte nicht glücklich sein.

Als ich dann anfing, die schönsten Models zu schminken, wurde mir klar, dass jeder und jede nur ein Mensch ist. Ich begriff, dass schöne Menschen nicht zwangsläufig glücklich sind und dass man, um glücklich zu sein, nicht unbedingt schön und selbstsicher sein muss. Es liegt an mir, ob ich Glück für mich finde. Diese Erkenntnis kam mir, als ich meine alten Vorurteile überwand. Dadurch, dass ich mit fremden Menschen sprach und an neue Orte reiste, lernte ich, vorurteilsfrei hinzusehen und die Wahrheit zu erkennen.

Leg deine Vorurteile ab

Menschen in bestimmte Schubladen zu stecken und auf der Grundlage von bestimmten Kategorien auf ihre Persönlichkeit zu schließen, ist grundlegend verkehrt. Aber ich gebe zu, dass ich es selbst häufig genug gemacht habe.

»Weil er ein Mann ist.«
»Weil sie asiatischer Herkunft ist.«
»Weil sie schwul sind.«
»Weil sie von dort kommt.«
»Weil er reich ist.«
»Weil sie Erfahrung haben.«
»Weil er berühmt ist.«

Als auch eine Vertreterin aus dem Irak beim Miss-Universe-Wettbewerb erschien, war ich überrascht und ein bisschen verunsichert. Ich wusste nicht genug über die Menschen von dort und musste gleich an den religiösen Kontext und den Krieg denken. Ich hatte ein wenig Angst vor der Begegnung mit ihr.

Aber sie sagte bloß: »Ich bin zu diesem Wettbewerb gekommen, um die Menschen verschiedener Religionen und Kulturen im Irak zu vertreten. Es gibt Leute, die alles für den Frieden tun würden, als ihre Stimme verstehe ich mich. Weil ich mich dafür starkmache, habe ich viele Drohbotschaften von den Gegnern erhalten. Aber ich habe mich entschieden, für meine Wahrheit einzustehen. Natürlich will ich nicht sterben, aber ich kann nicht mit einer Selbstlüge leben.«

Da bereute ich meine Vorurteile. Sie war sehr überzeugend und schenkte mir die Kraft, auch meine Wahrheit mutig und ehrlich zu leben.

Es gibt kein »Normal«

Nachdem ich in der Welt herumgekommen war, hatte ich eine entscheidende Erkenntnis: Ich litt, weil ich nur nach den Werten lebte, die dort galten, wo ich aufgewachsen war.

Bei einer Lehrerin in der Mittelschule sah man die Slipkontur sehr deutlich, und alle Schüler*innen lästerten darüber. Aber warum wurde das überhaupt Gesprächsthema? Weil alle derselben Auffassung von »normal« waren, die in diesem Fall bedeutete: Eine sichtbare Slipkontur ist peinlich. Als ich auf der Terrasse eines spanischen Fitnessstudios zum ersten Mal Frauen sah, die sich oben ohne sonnten, war ich schockiert. *Das machen sie nicht nur an FKK-Stränden?,* dachte ich. An einem heißen Tag zog ein Freund von mir sein T-Shirt aus und trug den Rucksack auf dem nackten Oberkörper. Peinlich berührt war nur ich, der neben ihm herging.

Wenn du feststellst, dass dein »Normal« nicht normal ist, wirst du frei. Besagt ein anderes Wertesystem, dass es okay ist, nackt gesehen zu werden, was bedeutet dann noch eine sichtbare Slipkontur? Betrachtest du es aus dieser Perspektive, löst sich damit eine dieser unsichtbaren »Es hat so und nicht anders zu sein«-Ketten ganz einfach in nichts auf. Und gibt dir das nicht ein Gefühl von einem Stückchen mehr Freiheit? Nach und nach zerlegte ich meine alten Überzeugungen und löste sie auf.

Wenn du in einer bestimmten Situation denkst: *Das ist nicht normal,* dann prüfe dich selbst, bevor du anfängst zu kritisieren. Zwängst du jemandem deine Werte über nach dem Motto »Es hat so zu sein«, dann fesselst du dich in Wahrheit selbst mit diesen Vorurteilen. Sagst du jemandem: »Dies ist normal!«, zwingst du auch dich selbst, »normal« zu sein.

»Normal« ist nur das Maß deiner Erfahrung; wenn du Menschen aus der ganzen Welt kennenlernst, siehst du ein, dass es ein einziges »Normal« nicht gibt.

Lass dich auf deinem Weg nicht von dem beeinflussen, was andere für richtig halten, und dränge anderen nicht deine Meinung darüber auf, wie etwas sein sollte. Niemand muss denselben Weg gehen wie du, niemand sollte gezwungen werden, seine Richtung zu ändern, ganz egal, ob es sich um ein Familienmitglied, einen geliebten Menschen oder eine Freundin handelt.

Jeder und jede von uns lebt ein eigenes Leben, und wir werden nie verstehen, was andere wirklich denken oder durchmachen. Du solltest nicht meinen, dass du andere besser verstehst als sie sich selbst, und sie nicht von ihrem Weg abzubringen versuchen. Lange Zeit sagten mir zum Beispiel die Leute, ich solle keine rosafarbenen Pullis tragen, denn schließlich sei ich ein Junge. Aber mir ging das Herz auf, als ich es dann doch tat!

●

Solange du dich nicht wirklich öffnest, kannst du auch andere Herzen nicht berühren

Solange wir eine Sache nicht wirklich verstehen, haben wir meiner Meinung nach auch kein Recht, sie zu kritisieren. Bevor ich den Buddhismus womöglich mein Leben lang kritisierte, wollte ich ihn verstehen. Also wurde ich Mönch.

Ich bin in einem Tempel aufgewachsen und habe mich von klein auf gefragt, warum Leute mit der Buddhastatue eine

Puppe anbeteten und meinten, von ihr ins Reine Land geführt zu werden, und wo sich denn dieses Reine Land vom wissenschaftlichen Standpunkt aus in diesem Universum befinden sollte. Einmal fragte ich meinen Vater: »Was ist so toll daran, eine Holzstatue anzubeten?« Als Kind hätte ich mir nicht vorstellen können, Mönch zu werden. Ich wollte nicht den Weg einschlagen, den andere von mir erwarteten. Schließlich mochte ich langes Haar – und mir den Kopf zu scheren, kam überhaupt nicht in Frage!

Aber als ich dann an der Parsons School of Design in New York studierte, schien es mir plötzlich gar nicht mehr so abwegig. Einmal im Monat stellten wir eine kreative Arbeit mit einer bestimmten Aufgabenstellung vor und analysierten sie. Diesmal hatte ich mich für ein japanisches Thema entschieden und mich von Origami und meiner achtjährigen Erfahrung mit Blumenarrangements inspirieren lassen. Aber ich hatte keine Ahnung, wie ich Kunst machen sollte, die die Menschen bewegte, und war mit meinen Ergebnissen überhaupt nicht zufrieden. Wenn ich meine Arbeit mit den Werken der anderen in dieser internationalen Gruppe von Studierenden verglich, war klar, dass ich meinem wahren Ich noch immer keinen Ausdruck verleihen konnte.

In meiner Klasse war auch jemand aus Südkorea. Es war ein stiller Typ, aber seine Kunst strotzte nur so vor Talent. Eines Tages sagte er uns: »Ich leiste jetzt meinen Militärdienst und komme erst nach eurem Abschluss in zwei Jahren wieder. Deshalb möchte ich mich von euch verabschieden.«

Während unserer abschließenden Analyserunde führte er eine Performance auf. Er zog eine Militäruniform an, schrie so laut, wie wir es ihm nie zugetraut hätten, und exerzierte eine militärische Übung: strammstehen, rennen, hinlegen und Liegestütz. Er bekannte sich zu allem: dass er Koreaner war, zu seiner Traurigkeit darüber, seinen Schuljahrgang zu verlassen, und zu seiner Angst. Mit seiner Performance zeigte er eindringlich, was es ihn gekostet hatte, sich zu dem Militärdienst durchzuringen, und sein Schmerz stach mir ins Herz. Dieser talentierte Künstler stellte sich den Herausforderungen in seinem Leben. Mir wurde klar, dass ich nicht mehr davonlaufen konnte und mich endlich mit meinen buddhistischen Wurzeln auseinandersetzen musste.

Dank der Performance meines koreanischen Kommilitonen erinnerte ich mich an etwas, das meine Mutter einmal zu mir gesagt hatte: »Wenn du sagen willst, dass du Mozart hasst, musst du ihn erst mal richtig verstehen.« Sie fügte hinzu: »Bevor du Mozart nicht sorgfältig studiert hast und genau beschreiben kannst, was du an seiner Musik nicht magst, kannst du ihn nicht kritisieren.«

Wenn du etwas kritisieren willst, musst du es erst einmal vollständig verstanden haben. Sonst bist du gar nicht in der Lage dazu.

Wenn du nur über ein Teilwissen verfügst, kann das zu Vorurteilen und Diskriminierung führen. Als ich die Bereitschaft des Südkoreaners sah, sich seinem Schicksal zu stellen, begriff ich, dass ich mich, wenn ich mich wirklich ändern wollte, der Sache stellen musste, die ich ganz besonders zu vermeiden versucht hatte.

Es gab eine Zeit, in der ich den Buddhismus und die buddhistischen Priester zutiefst gehasst hatte. Wozu singen Priester Sutras? Wie sollen wir Erleuchtung finden, wenn wir den Namen des Buddha Amitabha aussprechen? Was sollen die buddhistischen Lehren überhaupt bedeuten? Ich verstand gar nichts. Wenn du aber etwas auf der Basis eines bruchstückhaften Wissens kritisierst und ablehnst, bist du nichts als ein oberflächlicher Polemiker. In dem Moment, wo ich begriff, dass ich eigentlich nichts über den Buddhismus wusste, erkannte ich auch, dass meine bisherige Kritik auf Unkenntnis und Vorurteilen gefußt hatte.

Ich hatte gerade erst als Make-up-Artist in den USA zu arbeiten begonnen, wollte aber trotzdem zu meinen Wurzeln zurückkehren und mich auf die buddhistische Ausbildung einlassen. Ich stellte mir vor, wie mich ein umfangreiches Wissen über den Buddhismus stärken würde, und sah mich als disziplinierten Menschen mit Mönchsausbildung, der etwas machte, was nur ich auf der Weltbühne konnte. Langsam wuchs meine Begeisterung.

Ich beschloss, die Ausbildung nach dem Uniabschluss zu beginnen. Mein Vater sagte: »Gern, wenn es das ist, was du willst.« Meine Mutter, die die Ausbildung ebenfalls durchlaufen hat und geweihte Nonne ist, redete mir ebenfalls zu. »Wenn ich es geschafft habe, kannst du das auch. Es ist gut, die Ausbildung zu machen«, sagte sie.

Ich meinte es wirklich ernst und wollte mich dem stellen, was ich seit meiner Kindheit vermieden hatte. Also organisierte ich nach längerer Zeit zum ersten Mal wieder einen ausgedehnten Aufenthalt in Japan, um mit meiner Mönchsausbildung zu beginnen. In den USA ist japanisches Essen sehr teuer. Jetzt würde ich wieder täglich in den Genuss kommen! Mmmmh!

●

Riskiere etwas und spring ins kalte Wasser

Ich war ein Make-up-Artist, der gern High Heels und glitzernde Ohrringe trug. Konnte ich wirklich Mönch werden? Ich würde es herausfinden …

Nach meinem Abschluss an der Parsons School of Design

kehrte ich also nach Japan zurück. Die Ausbildung fand im Konkai-Komyoji-Tempel in Kyoto und im Zojoji-Tempel in Tokio statt. Es waren, verteilt über zwei Jahre, fünf jeweils zwei- bis dreiwöchige Unterrichtsblöcke. Die Tempel gehören zu den renommiertesten in meiner buddhistischen Schule, der Jodo-shu. Die Blöcke fanden entweder im eiskalten Februar oder im brütend heißen August statt, und das war nicht nur hart, sondern die Hölle auf Erden!

Die Winter in Kyoto sind bitterkalt, aber wir putzten den Tempel mit nackten Füßen. Meine Hände waren rot und taub, die Beine vom tagelangen Knien auf dem Boden wund. In der Schule vom Reinen Land sind Rituale wie der Verbeugungswinkel, die Position der Hände beim Beten und selbst die Tonlage deiner Stimme strikt festgelegt. Macht einer der Schüler auch nur einen kleinen Fehler, geht es zurück auf Anfang. Das ewige Rezitieren und Wiederholen der Sutras machte mich heiser, und ich musste ständig husten. Irgendwann hatte ich sogar Blut im Speichel. Vom tagtäglichen stundenlangen Sitzen schliefen uns die Beine ein und taten höllisch weh. Fing jemand an, auch nur ein bisschen zu zappeln, wurden wir angeschrien: »Würdet ihr euch beim Rezitieren zur Bestattung eurer Eltern auch so rüde verhalten?« Die Ausbildung war so streng, dass viele sie abbrachen.

Meine Mutter hatte immer gesagt, die Ausbildung mache Spaß. *Dann kann es ja nicht so hart sein!*, dachte ich. Aber dann erlebte ich, dass mich die Lehrer, wenn ich nicht flott genug war, gleich anschrien: »Schneller!« Am liebsten hätte ich selber jemanden angeschrien – und zwar meine Mutter, so laut, dass es von Kyoto bis nach Tokio geschallt hätte: »Hey, ist das dein Ernst?! Was soll an dieser brutalen, verrückten Ausbildung Spaß machen?«

Tag für Tag hatten wir eine Menge Unterricht, aufgeteilt in Einheiten von je drei Stunden, sowie abends eine Stunde Wiederholung. Wir mussten Sutras, Lehrsätze und Geschichte auswendig lernen. Jedes Fach wurde mit jeder Menge Tests geprüft, die bestanden werden mussten. In der Schule war ich, wie gesagt, richtig schlecht in Geschichte gewesen. Ich hatte Mühe, mir die chinesischen historischen Persönlichkeiten, Daten und Fakten zu merken. In den Unterrichtsstunden bewegte sich für mich der Uhrzeiger im Schneckentempo: *Oh Schreck, noch zwei Stunden, bevor es Abendessen gibt; oh weh, noch 14 Tage von diesem Unterricht und das Ganze mal vier.* Es war schrecklich, und jeder meiner Atemzüge wurde zu einem Seufzer.

Gegen Ende der Ausbildung lernten wir die buddhistischen Ordensregeln kennen. Das machte mir Spaß, und ich schaute nicht mehr auf die Uhr. Zu den Dingen, die wir lernten, gehörte auch: »Trink keinen Alkohol«, »Verziere deinen Körper nicht mit Schmuck«, »Hör keine Musik; sieh dir keine Tanzveranstaltungen an« und »Schlaf nicht in einem Bett, sondern nur auf dem Boden«. Wie bitte?! Sollte das heißen, dass ich mir in Geschäften mit Hintergrundmusik die Ohren zustöpseln und in Hotels auf dem Boden schlafen musste?

Ich schminke Leute!, dachte ich. *Und trage High Heels und Glitzerohrringe! Ich will doch meine mühsam erkämpfte und hart erarbeitete Identität nicht wieder aufgeben. Muss ich etwa aufhören, der zu sein, der ich bin?* Derweil lief die Ausbildung weiter, aber ich fragte mich, ob ich dem Ansehen der buddhistischen Mönche und dem Buddhismus womöglich schade.

Und da war noch etwas: Die Rituale des Reinen Landes wurden je nach Geschlecht unterschiedlich ausgeführt. Beispielsweise schreiten die Mönche und Nonnen über ein Weihrauchgefäß in Elefantenform, um den Körper vor dem Betreten des Tempelraums mit Weihrauch zu reinigen. Die Männer gehen mit dem linken Fuß voran, die Frauen mit dem rechten. Was aber sollte ich als jemand tun, der sich als männlich und weiblich zugleich versteht? Außerdem fragte ich mich, wie ich Menschen wie mich anweisen sollte, die sich nicht durch die

Begriffe männlich und weiblich definieren und labeln ließen. Traditionell wird die Lehre von den Meistern in Stille »übertragen«. Fragen waren nicht erlaubt. Konnte ich unter diesen Umständen wirklich Mönch werden? Ich dachte intensiv darüber nach, ohne zu einem Schluss zu kommen.

Als ein sehr angesehener Meister zu uns kam, um uns zu unterrichten, wurde uns wieder mitgeteilt: »Keine Fragen!« Nach langem inneren Hin und Her beschloss ich, dem Assistenzlehrer, der sich um unser tägliches Wohlergehen kümmerte, meine Sorgen mitzuteilen. Er hatte zwar auch keine Antwort parat, versprach mir aber, sich Gedanken zu machen.

Als wir uns abends kurz vor dem Schlafengehen noch einmal für den abschließenden Anwesenheitsappell aufgereiht hatten, rief der Assistenzlehrer meinen Namen auf: »Nishimura, komm mal her. Der Meister hat sich bereit erklärt, deine Frage anzuhören.«

Ich dachte: *Was? Ich darf den Raum verlassen und ihm diese persönliche Frage stellen? Oh nein, jetzt wird es ernst …!*

Der angesehene Meister wartete bereits auf mich. Mein Herz schlug wild in meiner Brust. Ich war völlig panisch, stellte aber dennoch meine Frage: »Manche der Rituale unterscheiden sich je nach Geschlecht. Die Männer treten mit dem linken Fuß über die Weihrauchschale, die Frauen mit dem rechten. Oder: Die Männer nutzen den linken Daumen für den Tintenfingerabdruck als Signatur, die Frauen den rechten. Ich habe Freunde und Freundinnen, die transgender sind, und solche, die sich weder als Mann noch als Frau definieren. Zu letzteren gehöre ich auch. Was für Anweisungen kann ich ihnen geben, wenn sie an solchen Ritualen teilnehmen?«

Und hier die Antwort des Meisters: »Die Rituale, die wir verwenden, wurden gemäß den ursprünglichen Lehren entwickelt. Am wichtigsten ist die Lehre unseres Begründers Honen, nach der ›jeder Mensch gleichermaßen Befreiung erlangen kann‹. Mit welcher Seite die Rituale durchgeführt werden, ist daher nicht von Bedeutung. Du kannst die Menschen anweisen, es so zu halten, wie es sich für sie richtig anfühlt.« *Wow!*

Die Essenz der buddhistischen Lehre ist: »Jeder Mensch kann gleichermaßen Befreiung erlangen.«

»Dazu kommt«, sagte ich, »dass ich glitzernde Kleider mag und mich gern schön mache. Aber nach den Ordensregeln darf ich das nicht. Vielleicht sollte ich als der, der ich bin, ja doch kein buddhistischer Mönch sein.«

Er antwortete: »In Japan haben Priester häufig mehrere Jobs: Manche sind Ärzte, andere Lehrer. Und je nach Arbeitsplatz tragen sie unterschiedliche Kleidung und nicht die ganze Zeit ihre Mönchsrobe. Was ist der Unterschied zwischen einer Armbanduhr und einem Glitzerkleid? Wenn jemand die Lehren verbreiten und vielen Menschen helfen kann, halte ich das Tragen von Glitzer für kein Problem.« Er schloss mit der Bemerkung: »Der Buddha und Honen wären stolz auf dich und glücklich, wenn du buddhistischer Mönch würdest.«

Hätte seine Antwort noch logischer oder klarer ausfallen können? Die dunklen Wolken, die über meinem Herzen gehangen hatten, waren fort, und ich spürte, wie es von einer hellen Brise durchdrungen wurde. In diesem Augenblick wusste ich, dass ich Mönch werden konnte: wirklich und wahrhaftig und mit ganzem Stolz!

Er hatte mir gesagt: »Äußere Erscheinung und Gendertrennung für Männer und Frauen sind kein Kernpunkt in der buddhistischen Lehre.« Diese leicht verständliche Aussage veränderte meinen Blick auf den Buddhismus komplett.

Ich musste wieder an seine Worte denken: »Jeder Mensch kann gleichermaßen Befreiung erlangen.« Als LGBTQIA* hatte ich jahrelang allein gelitten, und diese buddhistische Lehre half mir. Deshalb möchte ich die Botschaft, dass »alle gleich sind«, gern an die Menschen weitergeben, die jetzt leiden.

Ich bin in einem Tempel groß geworden und habe mich gequält, weil ich LGBTQIA* bin. Ich beobachtete die Leute um mich herum genau, um nicht verletzt zu werden, und fragte mich wieder und wieder: »Warum kann ich nicht einfach stolz darauf sein, dass ich ich bin?« 20 Jahre lang hatte ich den Buddhismus gehasst, dabei wünschte mir ausgerechnet er seit mehr als 2000 Jahren Glück.

Ich bin so froh, dass ich an jenem Tag den Mut aufgebracht habe, meine Frage zu stellen. Ich hatte aus eigenem Antrieb gehandelt und eine entscheidende Botschaft zu hören bekommen, die mein Leben veränderte.

Warum bin ich Mönch geworden?

Mein Meister sagte, ich könne Glitzerkleidung tragen, wenn mich das in die Lage versetzen würde, Menschen zu helfen. Sofort fielen mir meine Freund*innen ein, die mit ihrer Sexualität und ihren religiösen Werten haderten. Es ist nicht meine Berufung, als Mönch traditionellen Aktivitäten nachzugehen. Meine Rolle besteht darin, zu leuchten, Aufmerksamkeit zu erregen und die Menschen auf der ganzen Welt wissen zu lassen, dass der Buddhismus unsere Unterschiede und einzigartigen Qualitäten respektiert. Er besagt, dass jeder und jede von uns wertvoll ist, dass wir uns selbst lieben müssen und uns nicht von anderen verurteilen lassen dürfen.

»Es gibt niemanden,
der nicht durch
die Lehren des Buddha
befreit würde.«

                              Lotos-Sutra, 100

Im Dunkel kannst du
die Wahrheit nicht sehen.
Vielleicht verschwindet
die Furcht ganz einfach,
wenn du das Licht einschaltest.

Sagen wir, du spürst, wie sich im Dunkeln etwas bewegt. Ist es ein Dieb? Oder gar ein Gespenst? Jedenfalls bekommst du es mit der Angst zu tun. Aber sobald du das Licht einschaltest, siehst du, wie sich eine Plastiktüte in der Zugluft bewegt, und deine Angst löst sich in nichts auf. Wenn wir die wahre Natur von etwas erkennen, verschwindet die Angst. Suche so lange nach den Antworten, bis du in der Lage bist, voll und ganz zu verstehen. Was ich von meinem Meister lernte, war einleuchtend und verständlich. Als ich begriff, wie das System funktioniert, war ich frei.

●

Wie du dich befreien kannst

Glaubst du sofort, dass etwas »nur auf diese eine Weise gemacht werden darf«, wenn jemand das behauptet, und hältst dich daran? Vielleicht verspürst du den Druck, bestimmten Erwartungen gerecht zu werden. Die Welt hält eine Menge von »Konventionen« und »Solls« bereit, aber deshalb müssen sie noch lange nicht stimmen. Mir haben drei Schritte geholfen, zu der Person zu werden, die ich heute bin:

1. Sammeln von Information
2. Begegnungen mit Menschen
3. Reisen

Der erste Schritt, das »Sammeln von Information«, ist wichtig, denn solange du keine fundierten Kenntnisse hast, kann es schwer sein, zu deiner Wahrheit zu stehen und deine Position zu vertreten. Vor allem dann, wenn das, woran du glaubst, in Widerspruch zu dem steht, was andere sagen. Argumente zu finden, Fakten zu lernen und dich selbst in Tatsachen zu bilden, kann ungemein stärkend wirken.

Ich war zum Beispiel immer von dem Gedanken erschlagen, LGBTQIA* müssten ihre Identität verbergen, weil sie etwas Schändliches sei. Als ich aufwuchs, schien es normal und natürlich, dass Homosexuelle gehasst und diskriminiert wurden. Also verbarg ich meine Sexualität. Zugleich wusste ich aber, dass an meiner Sexualität nichts Verwerfliches war. Ein echtes Selbstwertgefühl entwickelte ich jedoch erst, als ich mich ernsthaft informierte.

Ich studierte die Geschichte der LGBTQIA*-Rechte anhand von Spielfilmen, Dokus und Büchern. Ich erfuhr, wie hart Menschen für diese Rechte gekämpft hatten. Ich befasste mich mit der Geschichte von LGBTQIA* und erfuhr, dass es sie bereits im 25. Jahrhundert v. u. Z., seit der ägyptischen, griechischen und römischen Antike, gegeben hatte. Auch viele Samurais und manche Mönche waren homosexuell. Es gibt sogar homosexuelle Tiere, und manche Tiere wechseln ihr Geschlecht im Laufe einer Lebenszeit. Ich sprach mit einer Biologin, die mir sagte, Diversität erhöhe die Wahrscheinlichkeit, dass eine Art überlebe. LGBTQIA* gebe es, weil sie nützlich seien. Wer behauptet, dass LGBTQIA* widernatürlich ist, versteht das nicht. Ich erfuhr von Führungskräften weltweit, die heute als LGBTQIA* erfolgreich sind: Tim Cook, Ricky Martin, Marc Jacobs, RuPaul ... – die Liste ist lang! Viele Weltkonzerne wie Microsoft, Disney und GAP fördern Diversität und Inklusion, aber all das wusste ich noch nicht, als ich in Tokio zur Schule ging.

Suche nach eigenen Antworten

Wenn mich eine Situation beunruhigt oder ich wegen irgendetwas verunsichert bin, schreibe ich es auf, wäge es ab und suche mir die Meinungen verschiedener Leute zusammen, um meinen eigenen Horizont zu erweitern. Ich möchte das Thema selbst erforschen und verstehen und die wahre Natur der Dinge mithilfe logischer Erklärungen herausfinden, die auch andere verstehen können.

1. Denk an ein Thema, das dich beunruhigt. Es könnten irgendwelche geltenden Regeln sein, das Verhalten von jemandem oder auch die Art und Weise, wie du etwas Bestimmtes empfindest.

2. Jetzt recherchiere online, sieh dir Features zu dem Thema im Fernsehen und Dokumentarfilme an, hör Podcasts, lies Artikel und Bücher und suche nach historischen Fakten.

3. Frag andere nach ihrer Meinung. Such dir jemanden, der deiner Meinung ist, und jemand anderen, der eine andere Meinung hat, und sprich mit ihnen, um verschiedene Standpunkte zu sammeln. Im direkten Gespräch lässt sich vieles klären.

4. Sieh dich auch außerhalb deiner Community um, wie man dort zu dem Thema steht. Sammle so viele Ansichten wie möglich.

5. Nimm dir Zeit, um über deine Entdeckungen nachzudenken. Haben sie deine Denkweise irgendwie verändert?

Wenn ich Fragen zu den buddhistischen Ordensregeln hatte, nahm ich einen der Originaltexte zum Thema zur Hand, der Vinaya heißt. Im Buddhismus vom Reinen Land haben wir nur eine Reihe von Dingen gelernt, die man nicht tun darf, ohne eindeutige Erläuterungen zu erhalten. Als ich mich dahinterklemmte und auch die dazugehörigen Geschichten las, begriff ich, dass viele der Lehren für eine breitere Öffentlichkeit vereinfacht und interpretiert wurden, weshalb einige der ursprünglichen Absichten verloren gegangen sind.

Der zweite Schritt, die »Begegnungen mit Menschen«, war entscheidend für mein Freiheitsgefühl. Am College traf ich auf schwule Lehrer, die hervorragend unterrichteten, freundlich, umsichtig und immer gut gekleidet waren und von vielen hoch geschätzt wurden. Über ihre Sexualität machte man sich nicht anders lustig als über die der heterosexuellen Lehrkräfte. Wenn sie als Dozent*innen erfolgreich an einer angesehenen Hochschule arbeiteten, konnte dann LGBTQIA* überhaupt ein Zeichen für Minderwertigkeit sein? Nein.

Die Begegnung mit meinem spanischen Freund und seiner Mutter lehrte mich, dass homosexuelle Kinder nicht immer gehasst werden. Als ich das Sandwich aß, das seine Mutter vor unserer Klubnacht zubereitet hatte, wusste mein Gaumen, dass ich geliebt wurde.

Und dann war da der Meister in der Mönchsausbildung, der mir sagte, queer zu sein, stelle kein Problem dar. Diese persönliche Bestätigung schenkte mir enorme Kraft. Nur darüber zu lesen oder davon zu hören, wäre nicht dasselbe gewesen.

Ebenso war es eine unglaubliche und lebensbejahende Erfahrung für mich, auf der Pride Parade in New York in ein Meer von Menschen einzutauchen. Sie alle unterstützten und feierten meine Sexualität. Das hat sich mir tief ins Herz eingeprägt – ein unfassbarer Segen.

Und das führt mich zum dritten Schritt, dem »Reisen«. Wäre ich in Tokio geblieben, hätte ich nichts über LGBTQIA*-Rechte gelernt und nicht die wunderbaren Erfahrungen machen können, von denen ich erzählt habe: von der Kirchengruppe in Boston bis hin zu der Begegnung mit meinen spanischen Freunden und dem Tanzen bei der Pride Parade.

Es ist von entscheidender Bedeutung, andere Orte aufzusuchen und aus dem eigenen Gehäuse auszubrechen: Breite deine Flügel aus und erweitere deinen Horizont.

Ich hatte das Privileg, viele Länder bereisen zu dürfen. Doch selbst wenn dir das nicht möglich sein sollte, kannst du immer noch mit Menschen sprechen, die in deiner Gegend leben, aber einen anderen Hintergrund haben. Du kannst dich online mit Leuten austauschen, Dokus und Spielfilme anschauen und dir vorstellen, wie es sich anfühlt, an anderen Orten zu sein. Wissen ist Macht.

Sei dir gewiss, dass es da draußen eine große Welt gibt, in der das, was in deinem Umfeld als »normal« gilt, keinesfalls »normal« ist. Das zu entdecken, schuldest du dir.

●

Bleib offen und flexibel!

Nichtwissen gilt im Buddhismus als eines der drei Gifte. Die Zeiten ändern sich schnell, und uns wird zunehmend klar, dass die bisherigen Einstellungen und Lehren nicht mehr ausreichen. Wir können zwar die Uhren, aber nicht die Zeit anhalten. Unsere heutige Kultur ist durch ständigen Fortschritt in allen Bereichen gekennzeichnet, und damit müssen wir umgehen.

Hast du das Gefühl, dass du Regeln und Dinge hinnimmst, die du bisher für normal oder konventionell gehalten hast?

Verursachen sie dir Leid? Schau genau hin, wo sie ihren Ursprung haben. Warum ist zum Beispiel Alkohol in der Öffentlichkeit häufig verboten? Es liegt daran, dass manche Leute sich nicht kontrollieren können und dann die Gemeinschaft stören. Das heißt nicht, dass jeder und jede die Kontrolle verlieren würde, aber die Gemeinschaftsordnung kann nicht unterscheiden zwischen Menschen, die in Maßen trinken, und solchen, die das nicht tun. Also muss Alkohol an sich nicht gleich etwas Schlechtes sein, oder?

Und noch ein Beispiel: Als ich meine Mönchsausbildung machte, war ich Teil einer buddhistischen Gemeinschaft, in der die Menschen zusammenlebten. Ihre Gemeinschaftsordnung verstand ich als Schulordnung, also nicht als etwas, das auch bei mir zu Hause gelten würde. Während des Trainings lebten wir in einem Tempel, in dem die Gemeinschaftsbäder nach Männern und Frauen getrennt waren. Ich hätte mir für jeden und jede ein eigenes Badezimmer wie in einem Hotel gewünscht, aber das war dort natürlich nicht möglich. Also hatte man eine einfache Lösung gefunden – die jemanden wie mich nicht berücksichtigte.

Wenn du die wahren Gründe verstehst, aus denen diese »Lehren« entstanden sind, kannst du sie bereitwillig befolgen. Kannst du sie nicht akzeptieren oder meinst, dass sie keinen Sinn ergeben, dann könntest du dich entscheiden, das zu tun, was für dich richtig ist. Am schlimmsten ist es aus meiner Sicht, Regeln blind zu befolgen, ohne zu wissen, warum es sie gibt, sie nicht zu reflektieren und damit zu riskieren, von denen, die die Macht haben, betrogen, manipuliert oder kontrolliert zu werden. Manchmal müssen wir uns wehren, und dann liegt es in unserer Verantwortung und der der Organisatoren, Lösungen zu finden. Etwas richtig zu machen und die richtigen Dinge zu tun, sind zwei Paar Schuhe.

Es gibt kulturelle Umstände (Realitäten), die unweigerlich zur Herstellung von Regeln und Konventionen führen. Aber die Werte, die dahinterstehen, ändern sich mit der Zeit. Du musst also entscheiden, ob du ihnen weiterhin folgen oder deine Wertvorstellungen aktualisieren willst.

Stell dir die Frage: »Worauf basieren meine Vorstellungen? Verletzen sie mich oder andere?« Vielleicht haben diese weitverbreiteten Einstellungen den Menschen ursprünglich Stabilität geschenkt, ergeben jetzt aber keinen Sinn mehr für dich. Untersuche, begreife und interpretiere sie neu, falls nötig. Wenn du sie wirklich verstehst, kannst du sie als Grundlage nutzen und darauf aufbauen.

Wir Menschen heute sind nicht dümmer als die, die in der Vergangenheit die Regeln geschaffen haben. Auch wir sind in der Lage, zu denken, Wandel zu schaffen und Geschichte zu schreiben.

●

Wozu die alte Medizin verwenden, wenn es neue Medikamente gibt?

Als Priester und Universitätsprofessor hat mein Vater ein breit gefächertes Wissen nicht nur über die Schule des Reinen Landes, sondern über den Buddhismus weltweit und über seine jahrhundertealte Geschichte. Er sagte etwas zu mir, das ich sehr richtig finde.

»Natürlich müssen die Priester mit der Zeit gehen«, sagte er. »Nimm Ärzte als Beispiel. Wenn neue, wirksamere Medikamente entwickelt werden, verwenden sie natürlich diese anstelle der alten. Sonst würden sie nicht die besser funktionierende, moderne Medizin praktizieren. Mit der Gesellschaft ist es genauso. Da wir jetzt überall an Information herankommen, können wir sie auch nicht mehr ignorieren und so leben wie in der Vergangenheit. Wenn wir als Priester zeitgemäße Ideen nicht integrieren und keine neuen Lehren entwickeln, können wir den Menschen, die heute leben, nicht helfen.«

Verlässt du dich auch in unserer modernen Welt auf die alte Medizin? Falls du Zweifel an ihrer Wirksamkeit hast, ist es okay, etwas daran zu ändern!

»Der vorstehende Nagel wird eingehämmert« ist eine japanische Redewendung. Manchmal spüre ich diesen Anpassungsdruck. Aber wir leben in einer sich globalisierenden Welt mit zunehmend diversen Werten. Das Konformitätsprinzip scheint mir in vielen Situationen eher »alte Medizin« zu sein. Vieles von dem, was uns einmal gesagt wurde, funktioniert nicht mehr. Zum Beispiel beteten die Menschen früher im Tempel sicherlich um Regen für ihre Feldfrüchte, aber inzwischen gibt es Bewässerungssysteme und Düngemittel. Wenn du dich entscheidest, ein Leben in Selbstliebe zu führen, werden dich vielleicht Leute zurückhalten wollen, die sich auf die Konformität verlassen. Ich möchte dich dagegen ermutigen, weiter an dich zu glauben. Jeder Mensch ist anders, und niemand kann dir sagen, wer du bist oder was du kannst.

Niemand weiß,
was die Zukunft bringt.
Aber dein Leben wird durch
dein Vertrauen in dich selbst
bestimmt sein.

Vorstellungen, die auf der alten Medizin beruhen, werden nicht zwangsläufig allen Menschen zu Glück verhelfen. Jeder und jede hat eine eigene Geschichte, und ich möchte gern Spaß an meinen Fehlern haben. Hänge dein Leben nicht wegen der Werte von Leuten an den Nagel, die du nicht einmal bewunderst. Probiere die neue Medizin und sei kühn. Dann wirst du mit Sicherheit echte Zufriedenheit im Leben erfahren.

Scheitern ist nicht gleich scheitern, heißt es. Nur Resignation und die Unfähigkeit, an dich selbst zu glauben, bedeuten tatsächliches Scheitern.

Verschaff dir Respekt

Du brauchst niemanden, der dir beibringt, gleichberechtigt zu sein, oder der die Erlaubnis dazu gibt. Eine gleiche Behandlung hat nichts mit deinen Fähigkeiten zu tun oder damit, wer du bist. Niemandem steht ein Urteil darüber zu, ob du gleichwertig bist. Alle Menschen sind gleich wertvoll – und das ist eine Tatsache.

Allerdings müssen wir uns wirklich dafür einsetzen, dass wir auch gleichbehandelt werden. Du bist ja schon ebenso viel wert wie andere, bevor du überhaupt darüber nachdenkst. Die genannte buddhistische Redewendung »Jeder Mensch kann gleichermaßen Befreiung erlangen« steht als wichtige Mahnung dafür. Daher lasst uns gemeinsam mutig sein. Es ist nicht nötig, sich zu schämen oder zu meinen, wir wären egoistisch, wenn wir erkennen, dass wir ebenso wertvoll sind wie jeder und jede andere.

Als Mönch und LGBTQIA* erlebe ich unterschiedliche Reaktionen, wenn ich Leuten sage: »Wir sind alle gleich.« Eine davon hat mich besonders glücklich gemacht. Sie kam von einem Jungen in Brasilien. »In meiner Religion ist Homosexualität verpönt, und meine Mutter hat nie akzeptiert, dass ich schwul bin«, schrieb er. »Aber dank deiner Worte konnte ich mit ihr sprechen, und sie hat verstanden.«

In Los Angeles teilte ich das Zimmer mit einem Italoamerikaner. Eines Tages sagte er zu mir: »Seit meiner Kindheit gehe ich jede Woche in die Kirche, wo es immer heißt, Schwulsein sei eine Sünde. Ich fühle mich schuldig, weil ich der Versuchung nachgegeben habe und mit einem Mann zusammenlebe.«

Wie gesagt, liegt es mir fern, irgendjemanden zu überreden, zum Buddhismus zu konvertieren, oder die Glaubenssätze anderer Religionen zu kritisieren. Es ist einfach nur so, dass der Buddhismus manch hilfreiche Lebenshilfe bietet. Daher sagte ich zu meinem Mitbewohner: »Als ich den Buddhismus studierte, lernte ich, dass alle Menschen gleichermaßen befreit werden können. Deine Sexualität spielt also gar keine Rolle. Ich habe gelernt zu feiern, wer ich bin, und das hat mir das Leben sehr erleichtert. Damit will ich nur sagen, dass es eine solche Lehre gibt. Und ganz persönlich wünsche ich dir, dass du glücklich bist und frei von Schuldgefühlen.« Er dankte mir, und mir schien, als wäre ihm die Last, die auf seinen Schultern lag, ein wenig leichter geworden.

Siddhartha Gautama hat gesagt, wir seien alle gleich, der einzige Unterschied bestehe im Namen. Im Buddhismus sind wir alle gleich – Geschlecht, sexuelle Orientierung, ethnische Herkunft, Behinderung, Beschäftigung, Titel, Bildung, Besitz oder sonstige Unterschiede spielen keine Rolle.

»Die Namen,
die es auf der Welt gibt,
sind nichts weiter als
unterschiedliche Buchstaben.«

Sutta-nipata, 648

Hinterfrage die Dinge, auch wenn sie einen Pfeiler in der Lehre darstellen

Wir müssen nicht alle gleich sein, und andere brauchen unsere Werte nicht zu akzeptieren. Hiermit sei klar und deutlich gesagt: Unsere Überzeugungen sind nicht die einzigen richtigen! Denken wir zum Beispiel an die buddhistische Erleuchtung. Im Allgemeinen heißt es, Ziel des buddhistischen Trainings sei die Erleuchtung. Deshalb rezitieren und meditieren Menschen so, als gebe es ein Endziel. Daneben steht eine akademische Sichtweise, laut der Erleuchtung gar nicht existiert. Und sie widerspricht dem, was meine Schule – der Buddhismus des Reinen Landes – lehrt.

Als ich meinen Vater danach fragte, sagte er, es gebe viele Erklärungen für den Begriff Erleuchtung. Zugleich gebe es kein frühes Pali-Sutra, in dem der Buddha die Natur der Erleuchtung erklären würde. Der berühmte Buddhismus-Gelehrte Hajime Nakamura schreibt in seinen Forschungsarbeiten über Siddhartha Gautama, die Hinweise in den Pali-Sutras, die auf eine Erleuchtung des Buddha hindeuteten, seien spätere Ergänzungen. (Ich liebe es, dass mein Vater so offen ist und mir auch widersprüchliche Studien nahebringt.)

Der Buddha selbst hob hervor, wie wichtig es ist, ein rechtes Leben zu führen. Seine Lehre passte er den Bedürfnissen seiner einzelnen Schüler an, die daher bei der Weitergabe seiner Lehren verschiedene Interpretationen von Erleuchtung hinterließen.

Natürlich ist es etwas Wunderbares, wenn uns unsere – religiösen oder sonstigen – Überzeugungen Trost bieten. Aber ich halte es für ebenso wichtig, die Fakten genau zu prüfen und flexibel genug zu bleiben, damit wir unterschiedliche Denkweisen akzeptieren und auch unsere eigenen Gedanken und Emotionen hinterfragen.

Meditiere über deine Emotionen und Gefühle

Ob Glück, Schuldfragen, Wut oder Traurigkeit – unsere Gefühle sind im Zusammenspiel mit der Welt normalerweise sehr veränderlich. Das ist ganz natürlich. Dennoch dürfen wir die Emotionen nicht übergehen, die uns im Herzen quälen. Mithilfe von Meditation können wir herausfinden, woher sie kommen. Dabei konzentrieren wir uns ganz auf das, was in unserem Verstand vor sich geht, und das wiederum kann zu einer Erkenntnis führen.

Dem traditionellen Buddhismus gemäß konnten nur Mönche Erleuchtung erreichen. Doch gelangte der Buddhismus im 6. Jahrhundert v. u. Z. von Korea über China, wo sich eine abgewandelte Form entwickelt hatte, nach Japan; jetzt waren die Lehren einer breiteren Öffentlichkeit zugänglich, und es hieß, jeder könne durch Meditation erleuchtet werden.

Es gibt im Buddhismus verschiedene Arten zu meditieren, wie zum Beispiel *zazen* (Meditation im Sitzen mit überkreuzten Beinen) und *shakyo* (das Schreiben von Sutras). Ich habe bereits erwähnt, dass wir in meiner Schule den Namen von Amitabha, dem »Buddha des Unermesslichen Lichtglanzes«, rezitieren: »*Nam Amida Butsu*«, was so viel heißt wie: »Ich verneige mich vor Amitabha.« Dabei entspricht »*nam*« dem Namaste (»Ich verneige mich vor dir«) auf Hindi. Das tun wir, weil der Buddha in einem Sutra sagt: »Wer vertrauensvoll meinen Namen rezitiert, wird von Amitabha ins Reine Land geführt.«

Also knieten und rezitierten wir während meiner Mönchsausbildung. Ehrlich gesagt, war ich ständig abgelenkt. Ich dachte: *Wie lange soll das jetzt noch gehen?* Und: *Wozu machen wir das? Meine Beine tun schon so weh, dabei muss ich fünfmal am Tag eine Stunde lang diese Zeremonie aushalten. Wie viele Tage geht das noch so?* Lange war ich genervt, aber schließlich fand mein Geist einen friedlichen und dankbaren inneren Ort.

Dort konnte ich die ganze unnötige Aufregung, Wut und Verwirrung loslassen und war nach der Kontemplation richtig ausgeglichen. Ohne die Rezitationsmeditation in meiner Ausbildung würde ich wahrscheinlich immer noch ständig jammern und wäre schnell gereizt. Die Meditation verhalf mir zu einem Grundgefühl von Dankbarkeit, und genau das wiederum half mir, das harte Training durchzustehen. Heute meditiere ich selbstständig, damit ich ausgeglichen bin, und zwar immer so lange, bis Dankbarkeit in mir aufsteigt. Mir scheint, dass – ganz egal, welche Methode man anwendet – der Sinn der Meditation darin besteht, alle Gefühle loszulassen und im Herzen Ausgewogenheit zu finden.

Gebet

Meditation ist dazu da, die Gefühle auszubalancieren und sich mit dem eigenen Gewahrsein zu verbinden. Beten auf der anderen Seite dient dazu, sich Dinge zu wünschen, über die man selbst keine Kontrolle hat. Es wäre gar nicht so verkehrt, es als eine Art »Trost« zu bezeichnen. Und kann nicht auch dir ein Gebet manchmal Erleichterung verschaffen und den Geist beruhigen?

Mein Dauergebet lautet folgendermaßen: »Möge ich ein Gefühl für Dankbarkeit und eine positive Einstellung beibehalten.« Ich bete nicht für Dinge, die davon abhängen, ob ich hart genug arbeite. Für mich ist das Gebet eine Art Glücksbringer, der mir Seelenfrieden schenkt, wenn ich schon alles getan habe, was ich konnte, oder keine Kontrolle über die Situation habe.

»Wenn du etwas tust,
das du am Ende bitter bereust,
war es keine gute Tat.
Tust du etwas,
das dich mit Freude erfüllt
und dir keine Reue bereitet,
war es eine gute Tat.«

Dhammapada, 67–68

Meditiere, um dein Gewahrsein zu aktivieren

Diese Meditation wird dir helfen, dich mit einer tieferen Ebene von Gewahrsein zu verbinden. Der Körper hat ein Geschlecht, eine bestimmte Größe und Hautfarbe und hat in der Außenwelt mit anderen Menschen zu tun, doch das Wesen, das im Cockpit unseres Körpers sitzt, verfügt, glaube ich, weder über Form noch Hautfarbe. Es ist eher wie eine Lichtkugel. Wenn ich im Leben feststecke, versuche ich, alles Äußere auszublenden, mich auf mein inneres Gewahrsein zu konzentrieren und mich mit mir selbst zu unterhalten. Dafür stelle ich mir während der Meditation einige Fragen.

1. Such dir einen Ort, an dem du alleine sein kannst. Das könnte die Badewanne sein oder ein Strand bei Nacht, oder du gehst an einem ruhigen Ort spazieren. Schalte dein Handy und sonstige Störquellen aus. Bist du irgendwo drinnen, schalte die Lichter aus und setz dich auf den Boden.

2. Für die Verbindung mit deinem inneren Gewahrsein ist es hilfreich, den Blick auf eine äußere Lichtquelle wie eine Kerze oder den Mond zu richten. Wenn der

Blick einen äußeren Anker hat, fällt es leichter, sich auf die inneren Gefühle zu konzentrieren. Mir ist eine natürliche Lichtquelle am liebsten (also keine LED-Lampe). Du kannst aber auch ganz im Dunkeln sitzen.

3. Wenn du dich überfordert fühlst und dich emotional wieder ins Gleichgewicht bringen möchtest, dann stell dir folgende Fragen:
   - Entscheide ich mich dafür, mich von dieser Situation tangieren zu lassen?
   - Bin ich stärker als das, was mir Ärger bereitet?
   - Warum passiert das?
   - Welche Folgen wird es haben, wenn ich jetzt nichts verändere?
   - Warum entscheide ich mich unbewusst dafür, mich so zu fühlen?

Das hilft dir, zu rekapitulieren, was dich traurig macht und was wütend, und dir über die Gründe dafür klar zu werden. Du kannst deine Lage objektiv betrachten und dich im Kopf sortieren.

4. Stell dir, wann immer du willst, folgende Fragen:
   - Was möchte ich im Leben wirklich machen?
   - Ist dieses Leben Wirklichkeit?
   - Was, wenn das Leben nur eine Illusion wäre?
   - Gibt es irgendetwas, das ich in meinem Leben noch nicht gemacht habe, aber tun sollte?
   - Wie kann ich sichergehen, dass ich nichts bedauern werde, wenn ich sterbe?
   - Warum lebe ich heute so, wie ich lebe?

- Was würde ich tun, wenn ich alle meine Träume verwirklichen könnte?
- Warum lebe ich?
- Was macht mich glücklich?

Natürlich gibt es keine einfachen Antworten, aber ich denke ständig über diese Dinge nach. Dadurch bin ich weniger von der Gesellschaft und meinen konkreten Umständen betroffen. Schließlich gehört unser Leben uns, und wir können es nur im eigenen Körper erfahren. Wir sind frei, unsere Entscheidungen selbst zu treffen und selbstbestimmt zu leben. Lass dich in deiner Existenz von niemandem übervorteilen.

5. Hör auf, sobald du das Gefühl hast, dass es genug ist, und wende dich der Übung nach Bedarf wieder zu.

6. Wenn du deine Einsichten aufschreibst, bleiben sie leichter hängen und du kannst sie in deinen Alltag mitnehmen.

Die Meditation bietet die kostbare Chance, Abstand von dem Behältnis, das dein Körper ist, zu gewinnen und dich aus der Perspektive des Universums zu beobachten.

»Bring dich selbst
ins Gleichgewicht,
bevor du andere führst.
Machst du es so, weiser Mann,
wirst du nicht leiden.«

Dhammapada, 158

Sei selbst der Wandel, den du dir wünschst in dieser Welt

Natürlich erfordert es ein wenig mehr Einsatz, wenn du Teil einer Minderheit bist. Es bedeutet einen Mangel an Freiheit und etwas, das man als Schwierigkeiten bezeichnen könnte. Dennoch bin ich stolz darauf, ich zu sein. Die Leute sagen mir häufig: »In Japan werden LGBTQIA* immer noch nicht akzeptiert; die Regierung ändert sich nicht, die Menschen sind stur, und Japan ist so rückständig.« Das stimmt bis zu einem gewissen Grad. Ja, in den USA und in Spanien habe ich männliche Paare Hand in Hand auf den Straßen gesehen, in Japan nicht – außer in Shinjuku Ni-chome, einer Tokioter Gegend, wo es viele Schwulenbars gibt. Aber in so gut wie jedem Land und in allen Kulturen gibt es Menschen, die sich outen und sagen können, dass sie LGBTQIA* sind, und andere, für die das nicht möglich ist.

Wie leicht oder schwer es dir fällt, öffentlich kundzutun, dass du anders bist als andere, ist vermutlich durch deine Kultur beeinflusst. Aber letztlich hängt es davon ab, wie selbstsicher du bist und ob du stolz auf dich sein kannst. Gib nicht dem Ort die Schuld, an dem du dich befindest. Wenn du meinst, deine Wahrheit in deiner aktuellen Umgebung nicht leben zu können, machst du es dir extraschwer. Redest du immer nur negativ, wirst du schließlich denken, dass sich die Lage niemals ändert. Mir wurde klar, dass meine pessimistische Einstellung mein Potenzial einschränkte und dass ich mich am Ende unfähig fühlen würde. Eine positive, optimistische Haltung ist für mich die Grundvoraussetzung dafür, meine Lage nachhaltig zu verbessern. Andernfalls würde ich anfangen, alle und alles zu hassen – und wenn ich andere Menschen hasse, hasse ich am Ende auch mich selbst. Deshalb ist es so wichtig, die Dinge positiv zu sehen und optimistisch und kreativ zu sein.

Und das gilt nicht nur für LGBTQIA*-Themen. Manche Leute finden, dass ihre Gesellschaft und Kultur »zu nichts nütze« oder rückwärtsgewandt seien. Dagegen halte ich es für wichtig, unerschrocken für einen Wandel einzutreten. Wenn ich mich verändere, werden das auch andere tun. Ich könnte jede Veränderung vermeiden und diese Aufgabe dem Rest der Gesellschaft überlassen. Aber dann wäre ich nicht mein wahres Selbst. Ich möchte mich verändern, nicht nur für mich, sondern auch für diejenigen, die unter demselben Schmerz leiden wie ich. Das ist zwar vielleicht beängstigend, aber wenn ich für mich und die Menschen einstehe, die mir ähneln – nicht nur jetzt, sondern auch in der kommenden Generation –, dann findet sich hinter dem, was ich sage, eine größere Kraft und Bedeutung. Tu es für dich; tu es für andere; tu es für die Zukunft.

Erkenne an, dass alles Leben ineinandergreift

Der Buddhismus besagt, dass alles miteinander verbunden ist. Alles besteht aus verschiedenen Elementen, und nichts ist wirklich zusammenhanglos vorhanden. Helfen wir einem von uns, dann helfen wir allen.

Als ich jünger war, verglich ich mich oft mit anderen und dachte: *Ich möchte der Erste sein,* oder: *Ich möchte mehr haben als die anderen.* Aber im Universum ist alles miteinander verbunden. Wenn ich also die Menschen in meinem Umfeld glücklicher mache, bekomme ich auch mehr davon zurück.

Es gibt Menschen, die offenbar allen Reichtum für sich beanspruchen und damit die Welt beherrschen wollen, aber ich glaube, dass es auch uns selbst glücklicher macht, wenn wir unseren Besitz mit anderen teilen. Ich schätze Drew Barrymore sehr, weil sie ihren Wohlstand mit anderen teilt und uns dazu anregt, aus Freundlichkeit und Mitgefühl für andere zu arbeiten. Ich liebe es, wenn sie in ihrer TV-Show Beispiele anderer inspirierender Menschen zeigt, die sie »Drew-Gooders« (»Drew/Tu-Gutes«) nennt. 2007 wurde Drew als Botschafterin zur Bekämpfung des Hungers für das Welthungerprogramm der Vereinten Nationen (WFP) ernannt und besuchte ein Camp in Kenia. Mich machte neugierig, warum sich eine so bekannte Schauspielerin so für arme Menschen einsetzte. Damals dachte ich noch: *Wenn ich so bekannt und wohlhabend wäre, würde ich mein Geld nur für mich ausgeben.* Sie brachte mich zum Nachdenken. Wenn wir über die Weltlage Bescheid wissen, hilft uns das, zu verstehen, wie privilegiert wir sind, wie wir Glück mit anderen teilen können und dass Lächeln und Dankbarkeit vielfach zu uns zurückkommen. Deshalb beschloss ich, meiner Community etwas zurückzugeben und Menschen zu inspirieren.

Make-up-Seminare zu halten, die LGBTQIA*-freundlich sind, und Menschen aller Geschlechter, besonders trans Frauen, Make-up-Tipps zu geben, hat mich zutiefst erfüllt. Ich habe zum Beispiel gezeigt, mit welcher Technik man mit orangefarbenem Concealer Fünf-Uhr-morgens-Augenringe abdecken kann. (Dem bläulichen Schatten lässt sich durch den entgegengesetzten orangefarbenen Schatten entgegensteuern.) Wenn ich dann die Freude auf den Gesichtern sehe und jemand sagt: »Ich wollte nie, dass mich Leute ansehen. Jetzt dagegen kann ich endlich hocherhobenen Hauptes sagen: ›Schaut mich an!‹ Ich bin die Straße heruntergestolziert wie Aschenputtel im goldenen Kleid«, dann weiß ich, warum ich die Kunst des Schminkens gelernt habe!

Außerdem habe ich in Zusammenarbeit mit dem japanischen Buddhistenverband einen Regenbogensticker entworfen. Es sind zwei zusammengelegte Handflächen mit einem Regenbogen im Hintergrund. Das wird die Menschen motivieren, sich über buddhistische Lehren zu informieren, die

Diversität fördern. Damit können nicht nur Laien, sondern auch die Tempelangestellten ihr diesbezügliches Wissen vertiefen. Die Sticker lassen sich antidiskriminierend am Tempeleingang platzieren. Manche Leute ermutigt das sehr, sie sagen, mithilfe solcher grafischen Designs könne die Botschaft des Buddhismus sogar Menschen retten.

Meine Freude verdoppelt sich, weil alles Leben ineinandergreift: Wenn ich mich schön finde, verschönere ich auch die Welt. Und genau darum wird es im nächsten Kapitel gehen.

4

Verliebe dich in deine eigene Schönheit

4
Verliebe dich in deine eigene Schönheit

Deine Schönheit ist besonders,
und nur du kannst sie der Welt schenken.
Bring deine wahren Farben
zum Leuchten.

Wie du dir inzwischen denken kannst, bin ich absolut überzeugt, dass Make-up und Mode eine große Kraft besitzen. Natürlich wissen wir alle, wie wichtig unser Inneres ist, aber die äußere Erscheinung stellt unsere oberste Schicht dar, die jeder und jede sehen kann.

Im Allgemeinen denkt man, Buddhisten wären einfach gekleidet, dabei betonen manche der buddhistischen Lehren das Erscheinungsbild durchaus. Da gibt es zum Beispiel das sogenannte *Blumengirlanden-Sutra,* einen Text aus dem Mahayana-Buddhismus, der sich auf einen weiblichen Bodhisattva – einen werdenden Buddha – namens Guanyin bezieht und Folgendes feststellt:

> »Sie werden auf niemanden in schäbigen Kleidern hören. Vortreffliche Tugenden erfordern eine vortreffliche Erscheinung.«

Diese Lehre ruft dazu auf, unseren Körper zu schmücken. Außerdem heißt es in dem Sutra:

»Der Bodhisattva hatte viele Anhänger mit einem schönen majestätischen Körper, die entsprechend der Lehre wunderschöne Ornamente trugen. Sie waren weise und hatten ein außerordentliches Wissen.«

Und:

»Man sagt, der Bodhisattva sei in seiner Erscheinung wunderbar geschmückt gewesen und habe die Menschen in tadellosen Kleidern, mit einer Blumengirlande auf dem Kopf und in den Duft vieler Blumen getaucht belehrt.«

Lass dich vom Beispiel Guanyins inspirieren

Guanyin ist ein Bodhisattva, jemand, der in Kürze ein Buddha sein wird. Wenn du das nächste Mal ein Bild von Guanyin anschaust, sieh bitte genau hin. Auf den meisten Bildern hat er eine goldene Krone auf, trägt Halsketten und Ohrringe, und die Kleider bestehen aus ganzen Schichten feinsten Tuchs. Die fast königliche Erscheinung Guanyins wird mit dem ursprünglichen Buddha assoziiert, mit Siddhartha Gautama, der ein Prinz war, bevor er Mönch wurde. Guanyin wurde im 1. Jahrhundert v. u. Z. in die buddhistischen Sutras eingeweiht. Ursprünglich dachte man, es handele sich dabei um einen männlichen indischen Helden. In China wurde Guanyin dagegen später als Göttin der Barmherzigkeit und des Mitgefühls beschrieben. In Zusammenhang mit ihr gibt es eine Redensart: »Wenn du ein Bodhisattva sein möchtest wie ich, solltest du dich üppig kleiden und weise und stark sein, damit die Menschen dich respektieren. Dann kannst du Führung geben und mehr Menschen retten.« Diese Aussage war das Gegenteil von dem, was ich zu Beginn gelernt hatte! Ich dachte, der Buddhismus würde nur eine bescheidene äußere Erscheinung wertschätzen. Der Name »Guanyin« steht für jemanden, der Töne sehen kann, das heißt, er ist in der Lage, die Stimmen der Leidenden zu hören. Guanyin hat Mitgefühl mit ihnen und rettet die Welt. Ist das nicht inspirierend?!

Mich persönlich hat das Beispiel dieser gender-uneindeutigen Persönlichkeit, die sich so üppig kleidet, ermutigt.

Wer hätte gedacht, dass uns eine buddhistische Lehre raten würde, leidenschaftlich, traumhaft schön und makellos zu sein?

Dein äußeres Erscheinungsbild kann dein inneres Ich widerspiegeln und repräsentieren, wer du wirklich bist. Wenn du für dich einstehen und sprechen musst, wenn du von anderen respektiert werden willst, kann dein Look hilfreich sein. Und natürlich musst du dich selbst respektieren. Das ist sozusagen das Megafon, mit dem du deine Präsenz verstärkst.

Als ich für Miss Universe arbeitete, waren die Bewerberinnen von vornherein so schön, dass ich mich fragte, ob sie überhaupt Menschen wären. Aber als sie sich auf den Wettbewerb vorbereiteten, achteten sie trotzdem penibel auf jede Haarsträhne, legten perfektes Make-up auf und zogen sich Kleider an, die ihnen hervorragend standen. Und am Ende hatten sie sich in so wunderschöne Frauen verwandelt, dass allen der Atem stockte.

Ich halte es für ungesund, die Gesichtszüge oder Körperstruktur von Menschen zu taxieren, da sich beides nicht ändern lässt. Im Wesentlichen verurteilst du sie dann nur, und das wird auf dich zurückfallen. Du wirst dich am Ende auch selbst nicht so annehmen, wie du bist. Wenn du aber etwas anziehst, das dir steht, und lernst, dich so zu schminken und deine Haare so zu tragen, dass es deiner Figur schmeichelt, wirst du dich bestärkt fühlen. Deine äußere Erscheinung kann dem inneren Wesen enorme Kraft verleihen!

Mir macht es unheimlich Spaß, mich in Schale zu werfen. Aber das tue ich nicht für andere, sondern nur aus Selbstliebe. Am Ende sollte man uns doch wegen unseres Herzens respektieren.

Ich trage Make-up und High Heels, weil ich nicht nur zeigen möchte, wer ich bin, sondern auch, dass es überhaupt Menschen wie mich gibt. Bestimmt sind noch mehr Leute da draußen, die gern Make-up und High Heels ausprobieren würden, aber zu viel Angst vor Kritik haben. Ich möchte, dass sie und die Welt mich sehen und begreifen, dass es auch für einen Mann okay ist, sich zu schminken und High Heels zu tragen und auch noch ganz selbstverständlich darin herumzulaufen – was ich, nebenbei bemerkt, gut beherrsche!

Als kleiner Junge in Japan habe ich nie jemanden wie mich gesehen. Also konnte ja an meinem wahren Ich etwas nicht stimmen. Ich hoffe sehr, dass Leute wie ich, wenn sie mich jetzt sehen, das Gefühl bekommen können: *Es ist okay, ich zu sein.*

Mach dir Gedanken über deinen Stil

Sicher wissen die meisten Menschen, wie wichtig ihr Äußeres ist, haben aber keine Ahnung, was ihnen steht oder wie sie ihr Modebewusstsein stärken könnten. Tatsächlich hatte auch ich früher keine Ahnung, wie ich mein äußeres Erscheinungsbild aufpolieren sollte. Ich hielt mich bereits für ziemlich stylish. Aber wenn ich mich heute auf Fotos in manchen meiner alten

Klamotten sehe, hätte ich am liebsten eine Zeitmaschine zur Verfügung, um sie ungeschehen zu machen!

Eine Methode, die bei mir gut funktioniert, ist die Herstellung eines »Worst of«-Albums mit alten Fotos, auf denen ich nicht gut aussehe. Mit seiner Hilfe kann ich erbarmungslos prüfen, was mir steht und was nicht. (Natürlich hat keiner außer mir Zugriff auf dieses Album!) Ich finde die Fotos natürlich schrecklich, aber sie gehören zu den unverzichtbaren Schritten auf meinem Wachstumsweg.

Ich dachte immer, Shirts mit V-Ausschnitt wären sexy, aber in ihnen wirkte mein Hals zu lang. Ich fand weite, kurze Hosen süß, aber darin sahen meine Beine zu kurz aus. Auf Fotos sperrte ich die Augen weit auf, damit sie größer wirkten, aber das schlug meine Stirn in Falten. Mit der Foundation wirkte meine Haut auf den Fotos so, als hätte sie einen Graustich, die Augenbrauen waren zu schmal, das Contouring zu sehr ausschattiert – die Fehler nahmen kein Ende!

Frisur, Augenbrauenform, Gesten – das alles waren vergebliche Versuche, jemand anders zu sein. Ich schaute mir diese schrecklichen Fotos sehr kritisch an, wobei mir immer wieder ein lautes »Oh nein!« entfuhr. Zu erkennen, wie wenig manche Styles zu mir gepasst hatten, war jedoch der erste Schritt auf dem Weg zu einem geübteren Blick.

Hast du erst einmal deine schlimmsten Fehler erkannt, wirst du sie nie wiederholen. Dasselbe gilt für die buddhistischen Ordensregeln. Du musst Dinge aus erster Hand erfahren, um sie wirklich verstehen zu können. Sieht etwas absolut nicht gut aus an dir? Gib es weg oder arbeite es irgendwie um. Kauf es nie wieder. Steht dir eine Frisur oder ein Make-up nicht? Sayonara – auf Nimmerwiedersehen!

Stell dir zwei Alben zusammen: eines mit »Worst of«- und eines mit »Best of«-Fotos

Wenn dir dein altes Ich ultrapeinlich ist, dann stell doch ein »Worst of«-Album zusammen. Du kannst es nutzen, um deinen Stil zu verfeinern.

1. Geh deine alten Fotos bei Social Media oder anderswo auf deinem Laptop oder in deinem Handy durch.

2. Such die Bilder aus, bei denen es dich regelrecht schaudert oder die dich zumindest nicht von deiner besten Seite zeigen.

3. Jetzt finde die Fotos, die du magst, und untersuche, warum das so ist. (Es geht hier nur um Make-up, Frisur, Kleidung und Haltung.)

4. Schau dir die Fotos an, bevor du dir was Neues zum Anziehen oder Stylen kaufst.

5. Zeig die Alben Freund*innen deines Vertrauens. Als meine Freunde mein »Worst of«-Album sahen, nah-

men sie kein Blatt vor den Mund, gaben mir aber auch eine Menge kostbare Ratschläge: »Trag die Haare kurz, lass dich in deinem Outfit von traditioneller asiatischer Kleidung inspirieren, posier nicht allzu überzogen, erlaube dir, breit zu lächeln, auch wenn dann deine Augen verschwinden ...« Sie waren unglaublich genau! Manches habe ich berücksichtigt, anderes nicht.

In der Parsons School war ein Mädchen mit Steppschuhen, die unglaublich stylish aussahen. Ich fragte sie, ob sie mit mir shoppen gehen würde, und sie gab mir jede Menge gute Tipps. Ich akzeptierte Hilfe von anderen und perfektionierte den Style, der zu mir passt.

Bemühe dich nicht um künstliche Schönheit, indem du versuchst, jemand anders zu sein. Finde deine eigene Schönheit, denn einen authentischen Style kann niemand schlagen.

Als ich mir das »Best of«-Album von mir ansah, wurde mir klar, dass Rollkragenshirts meinen Hals gepflegt und sauber aussehen lassen, während ärmellose Shirts meine vertikale Linie betonen und mich größer machen! Ich sah alles durch, was ich bis dahin getragen hatte, und fand eine Menge Sachen, die mir gut standen. Meine Freund*innen sagten mir: »Dieser asiatische Look steht dir, Kodo. Warum versuchst du es nicht mit so etwas Ausgeklügeltem? Du kannst ruhig Sachen ausprobieren, die nur wenige tragen.« Ich dachte: *Sie ermutigen mich, die Person zu sein, die ich sein will,* und ließ mich darauf ein. Immer wieder fand ich einen Style, der funktionierte, und mein Kleiderschrank füllte sich langsam mit Klamotten, die mir standen.

Früher dachte ich nicht groß darüber nach, wenn ich im Schlabbershirt und mit meinem abgerissenen fleckigen Rucksack durch die Stadt lief. Wenn ich dann irgendwann so eine traurige, unglückliche Gestalt zu Gesicht bekam und mich selbst im Spiegelbild erkannte, bekam ich einen Schreck. Als ich dagegen angefangen hatte, Kleider zu tragen, die zu mir passten, fand ich toll, was ich in der Spiegelung der Schaufensterscheiben sah! Das war wunderbar. Dass ein anderes Outfit einen so anderen Eindruck hervorrufen kann, macht mich sehr glücklich.

Ich nehme immer noch Fotos von mir auf, um zu prüfen, ob mir bestimmte Kleider stehen und ob meine körperliche Erscheinung ausgewogen ist. Dieser Prozess ist zwar mühsam, macht aber einen gewaltigen Unterschied! Manche wirken wie für mich gemacht, und inzwischen habe ich einen persönlichen, authentischen Style entwickelt.

Mach dir in deinem Verwandlungsprozess selbst Komplimente, und schenke anderen so viele Komplimente wie möglich. Ich finde es wundervoll, Komplimente zu machen und zu bekommen – so können alle stylisher werden.

Alles verwandelnde Magie: Komplimente machen und bekommen – welch synergetischer Effekt!

Kopfrasur

Kurz bevor ich nach Japan zurückkehrte, um die Mönchsausbildung zu machen, rasierte mir meine Make-up-Chefin den Kopf. Ich hatte immer von langem seidigem Haar geträumt und ließ es mir damals chemisch glätten. Daher ließ ich die Mönchsrasur nur äußerst widerwillig über mich ergehen. Aber meine Chefin hatte eine Überraschungsparty für mich zum Geburtstag organisiert, die direkt nach der Rasur stattfand. Sie zog mir die Lippen mit schwarzem Eyeliner nach und setzte mir sogar Glitzerkristalle auf den Kopf. Ich sah aus wie ein verzauberter Gothic-Modefreak. Meine Freunde machten mir Komplimente, wie gut mir das stehe und wie schön mein rasierter Kopf geformt sei. Wegen des überragenden Feedbacks musste ich schließlich einräumen, dass mir die Rasur stand, und ich fing an, mich gut damit zu fühlen.

Wie du weißt, hatte ich früher einen Komplex wegen meiner mandelförmigen Augen, aber die große Schwester meines spanischen Freundes Chechi sagte mir eines Tages: »Kodo, du hast so wunderschöne Augen«, und schaute mich dabei fest an. Das war ja sicher nett gemeint, aber ich glaubte es nicht gleich. »Wovon redest du?«, erwiderte ich. »Deine blauen Augen sind doch viel schöner!«

Ein berühmter Fotograf, der beim Miss-Universe-Wettbewerb fotografiert, machte mir dasselbe Kompliment, fügte aber hinzu: »Deine Augenform ist schön, aber ein bisschen Eyeliner würde nicht schaden.« Diese positiven Rückmeldungen veränderten langsam meine Einstellung. Trotzdem fand ich selbst meine Augen jetzt nicht plötzlich schön. Das Lob von außen war nur ein erster Schritt zur Selbstakzeptanz, die sich erst entwickelte, als ich mich mit unterschiedlichen Arten von Smokey Eyes beschäftigte, um die Besonderheit meiner Augen hervorzuheben, und einen geeigneten Lidschatten fand, der zu mir und meinem Stil passte.

»Neider, Geizhälse oder
Lügner können ein noch
so schönes Äußeres besitzen,
sie sind nicht elegant.
Ein Mensch dagegen,
der frei von alldem ist und
seine Wut auszulöschen vermag,
gilt als elegant.«

Dhammapada, 262–263

Ich könnte meine Augen mit Sicherheit durch verschiedene Techniken größer erscheinen lassen. Aber sobald du versuchst, jemand zu sein, der du nicht bist, würdest du bloß andere imitieren und wärest nicht mehr authentisch. Im ersten Augenblick mag sich das gut anfühlen, aber kaum sieht man, dass es sich um etwas Unechtes handelt, ist auch die Täuschung dahin. Finde heraus, was besonders an dir ist, denn ein Make-up, das deine Züge betont, bringt dich zum Leuchten. Das haben mich meine eigenen Augen gelehrt.

Ich habe mir mit Klebstoff eine künstliche Augenlidfalte herzustellen versucht; ich habe mich beim Yoga bemüht, mit aller Gewalt den Knochen oberhalb der Augen mit den Fingern hochzuschieben und einzurücken, damit die Augen größer erschienen. Heldenhafte Versuche, natürlich allesamt vergeblich. Meine Augen mögen nicht so ideal sein, wie ich es mir vorgestellt habe, aber später habe ich wunderschöne Menschen kennengelernt, die noch schmalere Augen haben als ich. Es geht nicht um die eine Falte, sondern darum, ob ich mich entscheide, meine Augen zu mögen. Ich war nicht sehr freundlich zu mir selbst.

Es ist an dir, ob du dich liebst und akzeptierst.

Zu Beginn meiner Karriere experimentierte ich nächtelang mit meinem Make-up. Auch wenn ich dann am nächsten Morgen leicht benommen war, verbesserte diese Erfahrung tatsächlich meine Make-up-Fertigkeit. Meiner Meinung nach muss man über seine Grenzen gehen, um in neue Höhen vorzustoßen.

Wenn du jeden Tag dasselbe Make-up auflegst, wirst du nie einen neuen Look finden. Nimm dir einfach mal ein paar Stunden Zeit für dein Make-up. Trage es langsam und sorgfältig auf, bis es perfekt ist. Mach Fotos, korrigiere irgendetwas, studiere deine Gesichtszüge und deine Mimik und finde deinen besten Look heraus. Ich bin sicher, dass du Fortschritte sehen wirst!

Make-up ist so ähnlich wie Kochen. Du probierst verschiedene Rezepte aus, fügst noch ein bisschen Salz und Gewürze hinzu, veränderst die Kochzeit. Finde heraus, was gut zu deinem Gesicht passt.

Es geht nicht nur um dich, sondern auch um dein Umfeld

Persönlicher Besitz und Accessoires komplettieren das Bild. Sie machen einen Teil der Aura der betreffenden Person aus. Taschen, Slipper, Socken, dein Stift, der Stuhl, auf dem du sitzt, und sogar die Plastikflasche, aus der du trinkst. Wenn du deine persönlichen Gegenstände als Teil von dir betrachtest, fängst du an, sie mit Sorgfalt zu wählen. Sie brauchen überhaupt nicht teuer zu sein. Es geht nur darum zu entscheiden, ob das, was du benutzt, mit dem übereinstimmt, was du zu vermitteln versuchst.

Beim Miss-Universe-Wettbewerb 2018 war ich als Make-up-Artist beschäftigt. Der Miss Universe der Philippinen, Catriona Gray, bot ich eine Glaswasserflasche an, die sie mit der Begründung ablehnte, sie wolle nicht damit gesehen werden! Das ist wahre Aufmerksamkeit fürs Detail – ich war schockiert. Aber hinter vielversprechenden Ergebnissen steckt eben auch viel Überlegung: Catriona Gray gewann den Wettbewerb und wurde zur Miss Universe 2018 gekrönt! Kein Wunder.

Für eine wirklich schöne Ausstrahlung musst du ebenso auf dein Inneres und Äußeres wie auch auf deine persönlichen Gegenstände achten.

Ich vermute, dass viele Menschen Angst haben aufzufallen. Daher kannst du mit Make-up und Mode gern auf Nummer sicher gehen. Auch ich traute mich früher nicht mit Make-up auf die Straße, weil ich fürchtete, andere könnten herausfinden, dass ich als Mann Kosmetika verwendete. Und ich musste all meinen Mut aufbringen, um mich in High Heels in die Öffentlichkeit zu wagen.

Beim Miss-Universe-Umzug laufen die Teilnehmerinnen sehr waghalsig auf 15 cm hohen Absätzen, um ihre langen Beine ins beste Licht zu rücken. Sie sehen so elegant und selbstsicher aus! Auch ich wollte Absätze tragen, zugleich aber nicht ausgelacht werden. In Japan trug ich Plateausneaker mit drei Sohleneinlagen übereinander. Bei der Pride Parade dann gab es Leute, die, abgesehen von einer regenbogenfarbenen Körperbemalung, nackt waren. Nachdem ich das miterlebt hatte, war für mich plötzlich alles okay. Wieder einmal ein tiefer, überwältigender Einschnitt! Also machte ich mich auf zu einem Schuhgeschäft im West Village, wo ich feststellte, dass schwarze, oben geschlossene Schuhe mit Keilabsatz ziemlich genderneutral sind. Als ich anfing, sie zu tragen, fühlte ich mich wie Aschenputtel, nachdem sie ihren Glasschuh zurückbekommen hat! Später sammelte ich dann High Heels in den unterschiedlichsten Formen.

Eyeliner und Mascara können dein Leben verändern!

Plötzlich Prinzessin ist einer meiner Lieblingsfilme. Julie Andrews spielt hier die Königin eines fiktiven europäischen Landes. Plötzlich taucht sie im Leben eines langweiligen (offen gesagt, ziemlich blöden) amerikanischen Schulmädchens auf, das von Anne Hathaway gespielt wird. Sie bringt diesem Mädchen feines Benehmen und Etikette bei, wie es sie als Prinzessin benötigt. Es ist eine Geschichte von einem Mädchen mit struppigen Haaren und Augenbrauen, das sich dank der Kraft von Make-up und einer neuen Frisur komplett verändert! Und da es sich um eine Schauspielerin aus Hollywood handelt, verwandelt es sich natürlich in eine betörende Schönheit.

Der Höhepunkt des Films ist die Szene, in der das Mädchen, vom Regen pitschnass, der Öffentlichkeit in eigenen Worten seine Gefühle mitteilt. Seine ehrliche Rede und der darauffolgende Applaus sind sehr bewegend. Die Geschichte zeigt, dass eine neue äußere Erscheinung auch unser Inneres verwandelt. Haben wir erst einmal Selbstvertrauen gewonnen, brauchen wir kein Make-up mehr. Mir wurde dadurch klar, wie sehr unser Äußeres auch unsere Selbstwahrnehmung verändert.

Wie bereits erwähnt, fing ich dank eines Buches über Miss Universe Japan überhaupt erst an, mich für Make-up zu interessieren. Als ich las, dass sich »die dunklen Augen von Menschen asiatischer Abstammung durch Eyeliner und Mascara hervorheben« lassen, dachte ich: *Wenn Miss Universe es macht, kann ich das auch!* Also kaufte ich mir in Boston in einer Drogerie zum allerersten Mal Eyeliner und Mascara. Als ich die Mascara ausprobierte, fand ich die Wirkung unglaublich: *Was ist das denn? Wie lang wollen die Wimpern denn noch werden!* Ich war gerührt und glücklich. Plötzlich wusste ich, dass sich mein Leben bald ändern würde. In Japan fragten an der Kosmetiktheke im Kaufhaus die weiblichen Angestellten meist: »Suchen Sie nach einem Geschenk für Ihre Mutter oder für Ihre Freundin?« Dass es für mich selbst war, konnte ich nicht sagen, denn dann hätte man mich nur abschätzig angestarrt. In Boston dagegen gab es auch männliche Angestellte, perfekt gestylt mit Foundation und Glitzer, die Make-up verkauften. Das gab mir den Mut, es auch selbst einmal zu versuchen.

Die erste Person, der ich Make-up auftrug (außer mir selbst), war meine Zimmergenossin Eri. Sie schaute nicht einmal in den Spiegel, wenn sie sich morgens einen blau schimmernden Lidschatten mit Applikator auflegte (damals war sie so!). Da ich das völlig inakzeptabel fand, fragte ich sie eines Tages: »Soll ich dich nicht mal schminken?« Als wir es dann ausprobierten, war sie wie verwandelt: Wir konnten kaum glauben, dass dieses Gesicht ihres war. Es war ein echtes Aha-Erlebnis – sie hätte sich nie vorstellen können, dass sie so hübsch aussehen konnte. Welches Selbstvertrauen jemandem zwei ganz banale Make-up-Tools schenkten, war einfach unglaublich.

Wenn ich lerne, mit Foundation, Lidschatten und Lippenstift umzugehen, dachte ich, *dann kann ich auch anderen Leuten damit helfen.* Ich hatte meine Mission gefunden: die Kunst des Make-ups zu lernen und noch weitere Menschen zu unterstützen, die mich so akzeptieren, wie ich bin.

Entdecke die »Kunst, dich bereit zu machen«

Diesen Satz lernte ich in einem Workshop bei Sir John, der als Make-up-Artist für Beyoncé arbeitete. Das äußere Erscheinungsbild sorgfältig zu stylen, ist ebenso eine Kunst wie die japanische Teezeremonie, wo es nicht nur auf das Endergebnis, sondern auf den Vorgang an sich ankommt. Ein Prinzip, das nicht nur für Make-up, sondern fürs ganze Leben gilt.

Während der Vorbereitungen auf den internationalen Miss-Universe-Wettbewerb fiel mir und der nationalen Direktorin für Miss Universe Japan die Aufgabe zu, Miss Japan zu stylen. Das genaue Design planten wir vorab, um während des Wettbewerbs innerhalb kurzer Zeit alles perfekt koordinieren zu können.

Eine solche Vorbereitung kann sehr sinnvoll sein. Überlege dir vor einem besonderen Anlass alles vorab: welcher Stil zur

Atmosphäre des Schauplatzes passen wird, wen du dort treffen und wie lange du dort sein wirst, Make-up, Kleider, Schuhe und Nagellack. Hilfreich ist auch ein Testlauf mit Fotos, anhand derer du prüfen kannst, ob alles zusammenpasst.

Versuch es ruhig selbst einmal. Plane nur ein einziges Mal im Voraus und tu alles, was du kannst, um richtig edel und stylish auszusehen. Die Erfahrung wird dir sicher die Augen öffnen, auch dann, wenn du dich danach vielleicht nicht noch mal so intensiv damit befasst.

●

Geh deinem Traum nach!

Für das in meinem dritten Studienjahr angesetzte Praktikum wollte ich mir unbedingt etwas suchen, das mir Spaß machte. Als ich von der Frau hörte, die als Make-up-Artist beim Miss-Universe-Wettbewerb arbeitete, wusste ich sofort, dass ich mein Praktikum bei ihr machen wollte.

Ich war unglaublich nervös, als ich ihr meine E-Mail mit der Bitte schickte, bei ihr Make-up lernen zu dürfen. Die Antwort kam sofort.

Zuerst fragte sie mich: »Nehmen Sie am Wettbewerb für Miss Japan teil?«

Darauf ich: »Nein, ich bin ein Mann! Ich kann da nicht mitmachen, möchte aber gern lernen, wie man Make-up für Männer macht.«

Daraufhin schrieb sie, sie nehme 1000 Dollar für eine vierstündige Lektion! (Hier kannst du dir ruhig auch ein paar Seiten mit Ausrufezeichen vorstellen.) Das war ungefähr so viel wie die Miete, die ich mir mit Eri teilte! Das schien mir völlig unannehmbar, aber meine Mutter gab mir einen Schubs: »Du würdest damit in etwas investieren, das du dir schon lange wünschst.« *Wow, meine Mutter hat Ja gesagt … Soll ich die*

Lektion also doch buchen? Ich entschied mich dafür, und das veränderte mein Leben.

Sei im entscheidenden Moment nicht geizig! Wenn dir etwas wirklich wichtig ist, musst du in dich investieren.

Leider musste die Make-up-Künstlerin unsere Lektion verschieben. Zum Ausgleich lud sie mich jedoch zu einem Essen ein, bei dem ich ihr von meiner Begeisterung für die Kunst des Make-ups erzählte. Und weißt du, was sie antwortete? »Du und ich, wir haben dieselbe Leidenschaft für Make-up. Ich möchte, dass du mein Assistent wirst!« Die Entscheidung, in meinen Traum zu investieren, hatte sich in eine unbezahlbare Chance verwandelt. Ich bin der, der ich bin, weil ich im richtigen Moment die richtige Entscheidung traf.

Später wurde ich Teil des Teams und lernte Schritt für Schritt alles über Etikette und Techniken des Make-ups. Nach und nach kaufte ich mir die Make-up-Produkte, die mir meine Mentorin empfahl, und begann, an meinen Kommiliton*innen zu experimentieren. In der Parsons School gab es auch eine Abteilung für Fotografie. Drei Semester lang ging ich jede Woche zu ihren Shootings und machte das Make-up für die Models. Ich bekam zehn Models pro Tag. Ständig kam ich physisch an meine Grenzen. Ich sollte die verschiedensten Arten von Make-up machen: von natürlich oder schillernd bis Anime und Horror. Ehrlich gesagt, gefiel es mir überhaupt nicht, Make-up aufzutragen, das Leute gruselig aussehen ließ, aber für das Hardcore-Training war ich sehr dankbar. Ich arbeitete so hart, dass ich meinen Traum verwirklichen und mich dem Make-up-Team für Miss Universe anschließen konnte.

In mein Tagebuch hatte ich immer wieder die Affirmation geschrieben: »Ich durfte bei Miss Universe am Make-up mitarbeiten«, und sie mir laut vorgelesen. Das schien mir für mich als physischen Mann die einzige Chance, mit von der Partie zu sein. Und als ich im folgenden Jahr tatsächlich im Team für Miss USA und Miss Universe mitmachen durfte, glaubte ich es kaum! Manchmal hatte ich direkt Angst, dass noch irgendetwas dazwischenkommen und mein Traum wie ein Kartenhaus in sich zusammenfallen würde. Während der Show war ich im siebten Himmel. Als Make-up-Assistent war es meine Aufgabe, die Make-up-Produkte für meine Chefin bereitzulegen, die Models mit Moisterizer vorzubereiten und manchmal auch Foundation aufzutragen oder kleinere Stellen auszubessern. Am Ende jedes Tages sammelte ich die Make-up-Pinsel ein, spülte sie aus und trocknete sie, um sie am nächsten Morgen wieder auszulegen.

Ich lernte so viele detailgenaue Techniken. Zum Beispiel sagte mir meine Chefin, dass man nicht zu viel Mascara verwenden darf, weil sie dann leicht verschmiert und geschmacklos oder primitiv wirken kann. Ich weiß noch, wie ich bei der Miss USA die Mascaraklümpchen beseitigen sollte und die Luft anhielt, damit mir die Hand nicht zitterte (sie gewann dann übrigens den Wettbewerb!).

Da war ich plötzlich backstage an einem so großartigen Event beteiligt, das ich nur aus dem Fernsehen kannte. Als die Show losging und die Musik aufspielte, war das so, als würde sie mein neues Leben feiern. Ich bekam eine Gänsehaut. Noch heute laufen mir Schauer über den Rücken, wenn ich an das Gefühl von damals denke!

»Der Duft einer Blume
geht nicht dem Wind entgegen.
Der Ruf von Menschen
bester Tugend dagegen
wird dem Wind standhalten
und sich überall verbreiten.«

                        Dhammapada, 54

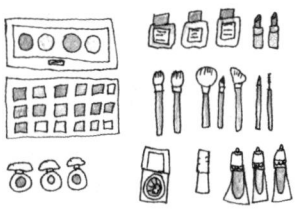

Wie du dein Gesicht mit Make-up symmetrischer machen kannst

Vielleicht klingt es gemein, wenn ich dir sage, dass sich deine linke und rechte Gesichtshälfte unterscheiden. Dabei ist das genauso natürlich wie die Tatsache, dass sich die Linien deiner rechten Handfläche von den linken Handlinien unterscheiden – hab also keine Angst! Knochen lassen sich zwar nicht so leicht verschieben, aber mit einer kunstvollen Applikation von Make-up kannst du dein Gesicht wunderbar ausbalancieren!

1. Hast du Schwierigkeiten, die Form deiner Lippen und Augenbrauen zu erkennen und ein symmetrisches Make-up für dich selbst aufzulegen? Dann könnte es dir helfen, ein Foto von dir zu schießen und die eine Hälfte spiegelbildlich zu verdoppeln.

2. Jetzt mache mit deinem Smartphone ein Selfie und verkehre oben und unten sowie links und rechts. Du brauchst bloß den Blickwinkel ein wenig zu verändern, und schon siehst du viel mehr.

3. Deine Gesichtskonturen sind links und rechts verschieden. Daher achte beim Ausgleichen der unterschiedlichen Höhe deiner Augenbrauen darauf, dass du sie sorgfältig ergänzt und die Teile trimmst, die zu weit aus der Linie ausscheren. Dasselbe gilt für Augen, Rouge und Lippen. Kein Gesicht ist symmetrisch, daher kannst du die Farben so platzieren und unterschiedlich intensivieren, dass es symmetrisch »wirkt«. Wenn an einer Stelle gar keine Augenbraue oder Lippe mehr sein sollte, kannst du sie auch ein bisschen nachzeichnen. Falls sich das komisch anfühlt, heißt das nur, dass du genau an diesem Punkt deine Komfortzone verlässt!

4. Damit die Augen gleich groß wirken, kannst du auch mit einer unterschiedlichen Stärke des Eyeliners experimentieren oder ihn in einem anderen Winkel auftragen.

Zu Beginn meiner Arbeit mit Make-up war es für mich am schwierigsten, die rechte und linke Gesichtshälfte in Übereinstimmung zu bringen. Meine Chefin schimpfte mich immer aus, weil eine Augenbraue höher ausfiel als die andere oder die Lippen links anders aussahen als rechts. Unsere Gesichtszüge sind fast immer asymmetrisch. Die Position der Mundwinkel, die Augengröße oder Höhe der Backenknochen – alles kann rechts und links verschieden sein. Irgendwie hatte ich anfangs Mühe, diese Unterschiede zu erkennen. Nutze die oben beschriebene Technik, um deine Symmetrie zu perfektionieren.

Stell dir deine eigenen Regeln auf

Du denkst bestimmt, beim Make-up müsstest du grundsätzlich zuerst Primer und Foundation aufbringen, bevor du dich mit Augenbrauen und Lidschatten befasst. Dabei gibt es gar keine bestimmte Regel. Wichtig ist nur, dass am Ende die besten Features der betreffenden Person betont sind und richtig gut aussehen. Solange du das im Auge behältst, sind alle Regeln zweitrangig.

Beim Make-up müssen keine festen Regeln befolgt werden. Du sollst dich am Ende besser fühlen – das ist das Einzige, was zählt.

Meine Augenbrauen sind dünn, daher muss ich sie leicht nachziehen, wenn ich meinen eigenen Look betonen möchte. Zu den Lidschatten, die ich anfangs in die Hände bekam, gab es immer Anleitungen, die für mich untauglich waren. Oder noch ein anderes Beispiel: Vielleicht will ich mich heute mal auf meine Lippen konzentrieren. Dann beschäftige ich mich gleich am Anfang mit ihnen und gleiche die Augenbrauen und das Augen-Make-up entsprechend an. Ich will sagen, dass vielleicht nicht jeder oder jede dasselbe Ergebnis anstrebt wie ich oder für ein bestimmtes Make-up das passende Gesicht hat. Mir macht es Spaß, mein Make-up ganz nach Belieben aufzutragen.

Bei der Arbeit fange ich normalerweise bei den Augen an, und das überrascht viele Models. Aber sobald die Augen fertig sind, wische ich eventuellen Lidschattenstaub mit dem Feuchttuch ab und beginne dann mit dem Basis-Make-up. Ich möchte den Bereich unterhalb der Augen sauber haben und nicht verwischt durch eventuell abgefallenen Lidschatten. Wenn ich dagegen nicht viel Make-up für die Augen verwende, fange ich manchmal doch direkt mit der Foundation an. Siehst du? Es gibt keine Regeln!

Die fünf Gebote für ein schönes Make-up

Als ich in den USA Schminken lernte, schuf ich mir meine eigenen fünf Gebote für ein schönes Make-up. Hier sind sie:

1. *Die Foundationtönung muss stimmen,* damit sich Körper- und Gesichtston nicht unterscheiden. Du solltest die perfekte Farbe wählen oder verschiedene Foundationpigmentierungen so mischen, dass sie perfekt passen. Sonst siehst du aus wie ein Barbiekopf auf einem fremden Körper. Wähle deine Foundation nicht mit dem vagen Gedanken: »Wenn ich sie nur dünn auftrage, ist die Schattierung egal.« Und sie sollte nicht dieselbe Tönung haben wie deine Gesichtsfarbe. Leg sie einfach mal am Backenknochen auf, wo du nicht so sonnengebräunt bist. Wenn du die Augen zusammenkneifst und die Foundation ebenso getönt ist wie dein Backenknochen, ist das genau der richtige Farbton.
2. *Der Lidschatten muss einen Farbverlauf haben und gut verblendet sein,* muss wie der Sonnenuntergang und nicht wie ein Himmel mit verstreuten Wolken aussehen. Er sollte nahtlos weniger werden, damit wir keine Ungleichmäßigkeiten sehen. Versuch, deine Augen zuerst ein wenig zu pudern, damit die Haut geschmeidig ist und sich der Lidschatten leichter mischt. Bewege den Pinsel so sanft, als würdest

du einen Hamster mit einer Nadel kitzeln wollen. Also sehr, sehr sanft!

3. *Die Lippenlinie muss ordentlich sein.* Andernfalls zieht sie womöglich ständig die Blicke auf sich, und die Leute hören dir gar nicht zu. Lippen-Make-up ist meist der letzte Schritt beim Schminken. Achte daher besonders darauf, bei der Sache zu bleiben. Setz ein breites Lächeln auf, damit sich die Haut dehnt und keine Brüche oder Unklarheiten in der Linie entstehen.

4. *Das Make-up muss symmetrisch sein.* Sonst siehst du womöglich unausgewogen aus. Ich habe zwar schon gehört, dass »Augenbrauen nicht Zwillinge, sondern Schwestern sein sollten«, aber ich strebe trotzdem nach Ersterem. Und wenn du dir genügend Zeit gönnst, können sie durchaus identisch aussehen. Was die Symmetrie angeht, versuch dich auf einem Handybildschirm anzuschauen – in 2-D sieht man immer viel mehr. Im Spiegel ist die Symmetrie (oder der Mangel daran) sehr viel schwerer zu erkennen, weil du deinen Anblick gewohnt bist.

5. *Make-up sollte dein Aussehen verbessern* und deine Gesichtszüge betonen. Siehst du besser aus, nachdem du dir das Gesicht gewaschen hast, dann lass es lieber weg.

Genau wie die buddhistischen Regeln nur »Ratschläge« sind, würde ich auch die oben genannten nie als feststehende Regeln verstehen. Es gibt immer Ausnahmen. Wenn du dich zum Beispiel im Gothicstyle schminkst, brauchst du den Lidschatten nicht sauber zu verblenden. Und wenn du Grusel-Make-up auflegen willst, willst du nicht schön aussehen. Spielst du die böse Hexe des Ostens, ist es egal, ob die Farbe deiner Foundation gut angepasst ist!

Manche Leute sagen sogar: »Kein Make-up ist schöner als ein frisch gewaschenes Gesicht.« Auch das ist vollkommen richtig, und ich selbst trage an vielen Tagen kein Make-up.

Trotzdem hast du vielleicht Freude daran, zu lernen, wie du deine Gesichtszüge akzentuieren kannst. Schminken macht Spaß!

Finde deine Balance.

Arbeite an deiner Grundhaltung

Meine Chefin hat mich mehr gelehrt als nur die direkten Make-up-Methoden und Techniken. Sie hat mir eine Menge Tipps für eine gute professionelle Grund- und Geisteshaltung und für verantwortungsvolles Arbeiten gegeben. Da ich es nicht gewohnt war, als Assistent zu arbeiten, und immer nervös und ängstlich war, sagte mir meine Chefin: »Gib einfach dein Bestes. Wenn du das tust, wird sich niemand beschweren.« Tatsächlich ist die Make-up-Welt viel härter, als man sich das so vorstellt. Vor allem Anfänger*innen haben es nicht leicht. Akzeptiert wirst du nur, wenn du zeigst, dass du dein Bestes gibst und schuftest, was das Zeug hält.

Was meine damalige Make-up-Technik angeht, fand ich den natürlichen Look am hübschesten und einfachsten und trug den Models kaum Foundation auf. Dafür wurde ich von meiner Chefin ermahnt. »Das kannst du machen, wenn du es wirklich beherrschst!«, sagte sie. Im Wesentlichen meinte sie damit: »Du hast noch gar nicht richtig gelernt, wie man die Foundation anständig aufträgt, also tu nicht so, als wüsstest du, wovon du redest.« Als ich mich dann eingehend damit beschäftigte, entdeckte ich, dass ich nicht die leiseste Ahnung von guter Foundationtönung gehabt hatte. Bis dahin hatte ich mich (dank meines Augenkomplexes) ja auch nur fröhlich aufs Augen-Make-up fokussiert.

Als ich meiner Mutter davon erzählte, die Pianistin ist, sagte sie nur: »Am Klavier hältst du vielleicht die rechte Hand – die die Melodie spielt – für entscheidend, aber solange du nicht genauso viel an den unspektakulärsten Tönen arbeitest, die vom linken Ringfinger und kleinen Finger ausgehen, wird sich dein Gesamtspiel nicht verbessern. Deshalb musst du dich mit Foundation und dem ganzen Rest ebenso viel beschäftigen wie mit Make-up für die Augen.« Ich war schockiert über meine Engstirnigkeit.

Von dem Tag an machte ich Zeichnungen auf der Grundlage von Fotos von Models mit dem Make-up, das meine Chefin bei ihnen auftrug, und übte vor allem all das, was ich bisher vernachlässigt hatte, also alles außer den Augen. Das war ziemlich seltsam und langweilig, weil ich Augen-Make-up liebe! Aber nur so konnte ich mich auf die Dinge fokussieren, die ich bis dahin vermieden hatte.

Normalerweise fing ich beim Make-up mit den Augen an, sodass ich, beim Rouge und den Lippen angekommen, schon gar nicht mehr richtig konzentriert war. Als ich mich dann auf genau diese Bereiche fokussierte, vertiefte sich auch rasch mein Verständnis für sie. Heute habe ich das Gefühl, Dinge zu sehen, die ich früher gar nicht wahrgenommen habe. *Wozu so viel Foundation? Warum verwende ich diesen Pinsel, wie stark muss der Druck sein, und wie bewege ich ihn?* Jetzt kann ich meine Schritte logisch und nachvollziehbar erklären.

Modeerscheinungen, Techniken und kleine Tricks machen einen Menschen noch lange nicht schön. Nur wer die Grundlagen richtig gelernt hat, kann sagen: »Das brauche ich nicht.« Andernfalls läuft es vielleicht eher auf ein »Ich weiß nicht, wie das geht« hinaus.

Wenn du auf deine Grundhaltung achtest, bist du auf dem besten Weg zu innerer und äußerer Schönheit!

Lass deine Schönheit einfach unvergesslich werden

Ich glaube, wirklich schön ist, wer andere Menschen dazu bringt, sich selbst schön zu finden.

> »Wenn du dieser Person begegnest, werden deine Gefühle sich besänftigen, und dein Herz wird weich. Die Menschen werden ihr begegnen wollen, sofern sie sie noch nicht kennen.«
>
> Jataka

Gabriela Isler, die venezolanische Vertreterin beim Miss-Universe-Wettbewerb 2013, war eine magische Persönlichkeit! Sie stach nicht nur unter all den anderen Schönheiten hervor, sondern erinnerte sich sogar an meinen Namen. Sie brauchte mir bloß »¡Hola, Kodo!« zuzurufen, und schon war ich ihrem Zauber verfallen. Damals war ich der Jüngste und Neueste unter den Make-up-Leuten und mir noch gar nicht sicher, ob ich es überhaupt verdiente, da zu sein oder vom Team akzeptiert und angenommen zu werden. Dass sie mich erkannte und sich an meinen Namen erinnerte, gab mir ein Gefühl von Zugehörigkeit: Es war okay, dort zu sein, ich durfte stolz auf mich sein. Dass sie mich mit meinem Namen ansprach, schenkte mir viel Mut, sodass das Event eine unvergessliche Erfahrung für mich wurde. Ich bin ihr unendlich dankbar für ihre Freundlichkeit. Natürlich gewann Gabriela damals den Miss-Universe-Titel.

Wenn ich sie ansah, dachte ich: Äußerliche Schönheit ist

Wie du deine Selbstwahrnehmung verändern kannst

Statt darauf zu warten, dass dich andere wahrnehmen, kannst du schon mal bei dir selbst anfangen und freundlich zu dir sein. Diese Übung ist eine Art Selbstaffirmation. Wie du weißt, fühlte ich mich früher minderwertig und hässlich. Das habe ich geändert, indem ich anfing, mit mir selber zu sprechen und dabei sanft meinen Körper und mein Gesicht zu berühren. Und ja, das mache ich nackt und bei verschlossener Tür!

1. Geh an einen Ort, an dem du geschützt bist und nicht gestört werden kannst, zum Beispiel in dein Schlafzimmer oder ins Bad.

2. Schau dich nackt im Spiegel an.

3. Sieh dir direkt in die Augen.

4. Sag dir mit allem, was du bist, alles das, was du noch lernen musst, wie zum Beispiel:
   Ich bin schön

Ich bin fähig
Ich werde gefeiert
Ich werde geliebt
Meine Haut ist wunderschön
Mein Körper ist gesund
Ich bin frei von selbstzerstörerischen Gedanken
Niemand außer mir übernimmt Verantwortung für mein Leben, daher treffe ich meine Entscheidungen selbst
Ich kann wachsen, weil ich Nein sagen kann
Ich erlaube mir, alles zu empfangen, was die Welt zu bieten hat

5. Lass deine Hände sanft über Körper und Gesicht gleiten, berühr deine Haut, tätschle dir den Kopf und sei dir bewusst, dass dies Wirklichkeit ist und deine Stimme nicht einfach nur ein Plätschern im Hintergrund. Erlaube deinem ganzen Körper, das, was du ihm sagst, aufzunehmen und in Übereinstimmung damit zu sein.

6. Vielleicht findest du es total unangenehm und verrückt, die Übung zu machen. Aber je öfter du dich darauf einlässt, desto einfacher wird sie – und vor allem bringt sie dich dazu, an dich selbst zu glauben!

Anfangs konnte ich mir dabei nicht in die Augen schauen. Als ich dann irgendwann ein Gefühl von »Ja, genau, das bin ich« entwickelt hatte, hörte ich auf mit der Übung. Jetzt greife ich nur noch ab und zu auf sie zurück.

wichtig, aber ich möchte auf eine Weise schön sein, dass auch andere das Gefühl bekommen, schön zu sein!

Nichts hält ewig

Der Buddhismus lehrt, dass es im Leben um Vergänglichkeit geht; alles ist ständig im Wandel. Das lernen wir vor allem, wenn jemand stirbt. Es kann sich unwirklich und unfassbar anfühlen, jemanden zu verlieren, der immer da war.

Auch ich habe Menschen verloren, die mir nahestanden. Deshalb muss ich sie aber nicht auch noch aus meinem Gedächtnis streichen. Ich stelle mir vor, dass ihr Lächeln noch immer da ist und auch ewig weiterleben wird. Ich tue so, als würden sie an einem weit entfernten Ort wohnen, und versuche, so zu leben, als wären sie noch da. Es wäre mir zu traurig, mich ganz von ihnen zu verabschieden.

Außerdem begegne ich den Menschen um mich herum in dem Bewusstsein, dass sie eines Tages unerreichbar für mich sein werden. Immer wenn ich wütend auf ein Familienmitglied bin, denke ich an die Vergänglichkeit des Lebens und ermahne mich, dass unser Zusammensein nicht von Dauer ist. Ich bitte mich selbst, das nicht zu vergessen und mir klar zu sein, wie ich reagieren würde. Bin ich weiterhin wütend, dann erlaube ich mir dieses Gefühl; ändert es sich aber, dann möchte ich entsprechend handeln. Manchmal stelle ich mir vor: *Was wäre, wenn alle gegangen wären, aber vorübergehend zurückkämen, um mich zu sehen, damit ich sie in ihrer Existenz wertschätzen kann?* Diese innere Haltung macht es mir möglich, dankbarer zu sein.

Mitunter macht es mich traurig, dass das Leben vergänglich ist. Zugleich schenkt mir das Bewusstsein darüber Dankbarkeit und macht mich bereit für alles, was künftig geschehen mag.

Wie du ein »längeres« Leben führen kannst

Ich muss mein Leben immer wieder verändern – dann fühlt es sich erfüllter und länger an. Ein immer gleicher Tagesablauf ist mir zu langweilig, und schließlich machen neue Herausforderungen das Leben interessant.

Oft halte ich inne und frage mich: »Was sagt mein Herz?« Wenn meine Umstände zum Beispiel gerade sehr stabil sind und ich erfolgreich zu sein scheine, innerlich aber gelangweilt bin, dann ist es an der Zeit, mich zu verabschieden und etwas zu verändern. Mein Freund hat mir einmal gesagt: »Du kannst weiterwachsen, weil du in der Lage bist, Dinge hinter dir zu lassen, die dir vertraut sind oder an denen du hängst. Manche Menschen tun sich nicht so leicht, ihre Komfortzone zu verlassen und ihre Sicherheit aufzugeben.« Es ist eine Frage der Entscheidung, glaube ich. Ich jedenfalls bin ein Mensch, der gern unterwegs ist wie der Wind. Und Wind, der eingesperrt wird, stirbt.

Wenn du nicht aktiv etwas tust und dich jeden Tag bloß treiben lässt, dann zerrinnt dir die Zeit zwischen den Fingern. Wir surfen im Internet, und im Handumdrehen sind zwei, drei Stunden verflogen. Im Nullkommanichts sind ein Jahr, zwei Jahre, drei Jahre unseres Lebens unbemerkt an uns vorbeigezogen. Was für eine Vergeudung. »Wie, was? Drei Jahre sind schon wieder um?« Genauso fühlt es sich auch an. Unser Leben ist kürzer geworden, und die Chancen, die wir in dieser Zeit hätten nutzen können, sind verloren. Da haben wir tatsächlich etwas verpasst!

Du hast nur dieses eine Leben, und wenn du zu viel Angst hast vor Veränderung, ist es im Nu vorbei.

Daher möchte ich, falls möglich, jede Menge Erfahrungen machen und als Mensch wachsen. Ich möchte ein erfülltes Leben, Neuem in verschiedenster Form begegnen und mein Gefühl für »Das ist mein Style« Schritt für Schritt weiterentwickeln.

Mir persönlich fällt das, wie schon in den Kapiteln 2 und 3 erwähnt, durch Reisen am leichtesten, am liebsten in Länder, die ich noch nicht kenne. Aber auch ohne Reisen gibt es viele Möglichkeiten, Anstöße zu bekommen. Du kannst mit Menschen aus anderen Kulturen sprechen, irgendetwas Neues lernen, klassische Literatur lesen oder andere Kulturen mithilfe von Dokumentarfilmen oder Spielfilmen aus anderen Ländern kennenlernen. Was meinst du? Wenn du eine Welt betrittst, die sich von der gewohnten unterscheidet, macht das Leben Spaß und fühlt sich länger an, oder? Im Rückblick wirst du mit Sicherheit froh sein, dass du deine Zeit voll ausgeschöpft hast.

●

Wenn ein Stern geboren wird, gibt es chemische Reaktionen und Störungen

Aufregung und Nervosität sind eine Chance, dich zu verändern. Tu etwas Ungewöhnliches und ändere deine Zukunft! Du hast die Fähigkeit, diesen ersten Schritt in ein brandneues Leben zu wagen. Hast du die Mühen der Geburt erst einmal überwunden, wirst du vielleicht in der Lage sein, die Welt heller scheinen zu lassen – genau wie Sterne es tun.

Wenn du Angst hast, könnte das schon das Schlimmste an der besten Sache gewesen sein, die dir noch bevorsteht.

Tatsächlich solltest du dich bewusst in Situationen bringen, die dich beunruhigen, verunsichern oder sogar beängstigen, denn diese Gefühle können dein Leben verändern. Als ich zum Beispiel beschloss, nach New York zu gehen, hatte ich große Angst. Ich wusste nicht, was für ein Leben mich dort erwarten würde. Ich landete oft in der falschen U-Bahn und verirrte mich. Am Ende kannte ich New York wie meine Westentasche, und ich bekam die Chance, Make-up bei und mit den Besten der Besten zu lernen.

Zu Beginn meiner Mönchsausbildung konnte ich bei den Ritualen zuerst nicht mithalten und genierte mich fürchterlich. Es dauerte eine Weile, bis ich mich an den Lebensstil gewöhnte, aber ich lernte das Wesentliche des Buddhismus und am Ende sogar etwas über Gleichberechtigung.

Meine Hände waren eiskalt und zitterten, bevor ich mich meinen Eltern gegenüber outete. Ich wusste nicht, welche Reaktion mich erwarten würde. Meine größte Angst war, dass sie mich verstoßen würden. Aber heute kann ich mit ihnen über meine Sexualität reden und brauche nichts zu verbergen. Es war eine große Befreiung. Alle diese Schritte waren sehr unangenehm und beängstigend für mich gewesen!

Nachdem ich meine Ängste überwunden hatte, fühlte es sich an wie der Aufbruch zu einer neuen Reise. Ich nehme an, der Mut für den ersten Schritt liegt in meiner Natur, und das möchte ich mit dir teilen. Als ich nach acht Jahren in New York das Gefühl hatte, dass das Leben stillstand und ich mich nicht mehr weiterentwickelte, beschloss ich, nach Los Angeles zu ziehen. Nach anderthalb Jahren dort zog es mich weiter nach Japan, weil ich merkte, dass ich bereit war, meinen Beitrag an die japanische Gesellschaft zu leisten, indem ich mich öffentlich für LGBTQIA*-Rechte einsetzte. Und jetzt komme ich wieder in die USA, um über Buddhismus und Make-up zu sprechen. Siehst du? Mein Leben ändert sich ständig, und ich empfinde es als lang und sehr befriedigend.

> Deine Beunruhigung zeigt, dass du etwas noch Ungewohntes in dir trägst. Genau dieses Gefühl wird dir Wachstum ermöglichen.

●

Sei dir über Ablenkungen im Klaren

Ich weiß, dass es für mich ein Glück ist, in der heutigen Zeit zu leben. In der Oberschule hatte ich zwar keine Freunde, aber der schwule Chatroom bot mir geistige Unterstützung, und dank des Internets lernte ich meine Make-up-Mentorin kennen. 2019 hatte ich einen mehrminütigen Auftritt in der Netflixshow *Queer Eye: We're in Japan!*. Danach erkannten mich sogar einige internationale Flugbegleiter*innen, und auch außerhalb von Japan sprachen mich Leute an: »Ich habe Sie bei *Queer Eye* gesehen!« (Von dieser Erfahrung werde ich weiter unten berichten!)

Ich weiß, dass das Internet mein Leben in unterschiedlicher Hinsicht bereichert, und chatte sehr gerne in Social Media und mit Freund*innen. Zugleich kann das aber so überhandnehmen, dass ich, wenn ich erst mal irgendwo eingeloggt bin, auch schon mal bis zum Morgendämmern hängen bleibe.

Kaum habe ich mein Smartphone oder Laptop eingeschaltet, kann ich nicht mehr aufhören mit dem E-mailen und Chatten. Ich vergesse, was ich sonst noch tun wollte, klicke mich durch Nachrichten, Social Media und Youtube und starre endlos auf den Bildschirm. Das ist meine Natur. Und genau deshalb schalte ich das Smartphone immer erst nach meinen Übungen und dem Mittagessen ein. Nur wenn ich ganz frei habe, gehe ich gleich morgens ans Handy. Sobald ich die Nachrichten checke, ist es vorbei mit mir! Im Handumdrehen ist es Nachmittag oder Abend. Und schon sind die Zeit und die Kraft dahin, die ich für meine Übungen benötigt hätte. Deshalb muss ich streng mit mir sein: *Sieh dich vor und lass dir davon nicht das Leben klauen, Kodo!* Kennst du auch solche Versuchungen, die dich von deinen Zielsetzungen ablenken?

Abgesehen davon höre ich bei meinen Übungen Musik. Entweder verwende ich dafür ein Abspielgerät ohne Internetanschluss, oder ich schalte den Flugmodus ein und spiele nur Musik oder Podcasts ab, die schon heruntergeladen sind. Sonst würde ich mich wohl nur selbst behindern und meine Ziele nicht erreichen. Dieser Trick hilft mir, mit dem Teil von mir umzugehen, der nicht weiß, wann es gut ist aufzuhören. Je mehr Dinge wir in Reichweite haben – wie Smartphones und Spiele –, desto leichter gerät unser Lebensrhythmus durcheinander. Wenn du im Leben etwas erreichen möchtest, musst du das Steuerrad fest in der Hand halten, um nicht von deinem Weg abzukommen. Werde mit deinen Versuchungen fertig und halte den Fokus auf das, was du im Leben tun möchtest – das gilt auch für die Wahl deiner Mentor*innen und Vorbilder und dafür, auf wen du hören willst.

Es macht mir nichts aus, wenn du mich nicht magst

Als ich 26 war, lief ich einmal in original High Heels von Emilio Pucci die Upper West Side hinunter. Plötzlich rief mir ein (von Kopf bis Fuß in Grau gekleideter) Mann mittleren Alters zu: »Was wollen Sie denn sein?! Mann oder Frau?!« Das kam so unerwartet, dass ich keine Antwort wusste. Ich war schockiert.

Selbst als ich meinen Zielort, ein Café erreicht hatte, war ich noch völlig überfordert und aufgebracht. Kaum angekommen, sprach mich eine elegante, ältere Dame mit einem roten Hut an. »Was für großartige Heels!«, sagte sie mit weit geöffneten Augen und einem französischen Akzent. »Sind sie bequem?«

Ich erwiderte: »Ins Disneyland würde ich nicht damit gehen, aber ich liebe ihre Form!« Dieser kleine Wortwechsel löste meine Traurigkeit auf, und ich hatte eine Offenbarung: Die Schuhe hatte ich schließlich nicht für den Mann angezogen, der mich so blöd angemacht hatte. Wenn jemand, den ich schick finde, meinen Style mag, ist das völlig ausreichend.

Es sollte dich nicht weiter kümmern, ob dich jemand gutheißt oder nicht; interessiere dich nur dann dafür, wenn es jemand ist, den du schätzt.

Früher war ich mir der Blicke der Leute bewusst, sobald ich auf die Straße trat. Aber es gibt so viele unterschiedliche Wertvorstellungen auf dieser Welt, dass du unmöglich mit allen Menschen übereinstimmen kannst. Wenn du deine Wunschziele erreichen möchtest, wirst du es nie allen recht machen.

»Man muss so lange weiter-
arbeiten, bis das Ziel erreicht ist.
Visualisiere dein Leben
nach Erreichen deines Ziels,
und deine Erwartungen
werden erfüllt.«

Udanavarga, 16:2

Ich weiß, dass es auch weiterhin Leute wie diesen grau gekleideten Mann mittleren Alters geben wird, die mich anmachen und unschöne Sachen zu mir sagen werden, aber heute höre ich dann einfach weg. Ich sage mir: »Lass dich nicht von negativen Leuten schrecken. Vielleicht würden sie ja selbst gern High Heels tragen und trauen sich bloß nicht, sonst würden sie mich nicht anmachen!« Ich werfe mich in Schale, wenn ich Orte besuche, an denen mich Leute, die ich bewundere, willkommen heißen. Miss Fame? Billy Porter? Carson Kressley? Sie würden meine Heels lieben!

Wenn ich meine Träume verwirklichen will, kommt es darauf an, wen ich um Rat bitte und mit welcher Art von Freunden und Freundinnen ich mich umgebe. Denn mein Leben wird durch meine Umgebung beeinflusst. Bitte am besten nur erfolgreiche Menschen um Rat. Echte Erfolgsmenschen werden deinen Träumen keine kalte Dusche verpassen. Wenn ich einen Rat brauche, meide ich Leute, die nur sagen würden: »Das wird eh nichts« oder »Nur die wenigsten können Erfolg haben«. Stattdessen arbeite ich hart daran, genau mit diesen »wenigen« in Kontakt zu kommen. Ich höre nicht auf die, die es zwar versucht, aber nicht geschafft oder aufgegeben haben. Ich persönlich muss nicht wissen, wie und warum sie an ihren Träumen gescheitert sind.

Interessierst du dich für etwas Bestimmtes und möchtest darin erfolgreich sein, weißt aber nicht, wie? Dann rate ich dir, bei jemandem Rat einzuholen, der möglichst erfolgreich gewesen ist und dem du nacheifern möchtest. Und sieh dir genau an, welche Werte er vertritt. Ist dieser hohe Standard auch dein Standard geworden, gehörst du bereits zu den wenigen Erfolgsmenschen. Du hast nur eine begrenzte Zeit pro Tag zur Verfügung, die Frage ist also, wie und wofür du sie einsetzt. Ich glaube, dass eine optimistische Grundeinstellung und die Fähigkeit, Erfolg zu visualisieren, eine immense Rolle spielen. Achte immer darauf, mit welchen Leuten du dich umgibst, denn ihr Denken und ihre Grundhaltung sind ansteckend.

Sei neugierig und unvoreingenommen

Vor einem Arbeitstreffen bereite ich mich immer sorgfältig vor, denn dann wird mein Gegenüber höchstwahrscheinlich freundlicher zu mir sein.

Als ich mit dem Make-up-Auflegen anfing, suchte ich mir das Wissen um die Techniken an allen möglichen Orten zusammen: in Kosmetikläden, Workshops oder Anleitungsvideos. Meist fand ich dort nur Informationen, die mir längst bekannt waren und meine Fragen nicht beantworteten. Aber wenn ich Profis mit wirklichem Talent kennenlernte, die ich respektierte, bedeutete das für mich echtes Wachstum. Beim Make-up brauche ich keine Marketingideen oder Tricks, die nur bei manchen Menschen funktionieren. Ich verwirkliche meine Träume, weil ich an fundiertes Wissen und tatsächliches Können glaubte. Ich fand Leute, die mir einen praktischen Weg nach vorn aufzeigten, übertrug ihre erfolgreichen Erkenntnisse auf mein Leben und fing mit erreichbaren Zielen an.

Mein liebstes Zitat über einen Eyeliner stammt von RuPauls Make-up-Artist: »Leute fragen mich häufig, welche Make-up-Produkte ich verwende. Dabei spielt das gar keine Rolle: Hauptsache, sie hinterlassen Spuren.« Das war wegweisend! Ich habe zwar meine Lieblinge unter den Produkten, lernte aber, mich nicht von ihnen abhängig zu machen, sondern mich auf die Art zu konzentrieren, wie ich sie verwende.

Es gibt Leute, die ich sehr schätze und die mir mit ihren Ratschlägen eine neue Welt erschlossen haben. Zum Beispiel habe ich gelernt, dass immer genug Geld da sein wird, wenn du deiner Leidenschaft nachgehst. Jagst du dem Geld hinterher, wirst du das dein Leben lang tun müssen, während du, wenn du machst, was du liebst, genug verdienen wirst und am Ende glücklicher bist. Dieses Vertrauen fehlte mir früher, ich habe es von einer indischen Freundin gelernt, die für die Weltbank arbeitet.

Und hier noch etwas, was ich gelernt habe: »Nimm nur Aufträge an, die du zu 100 Prozent erfüllen kannst. Andernfalls solltest du sie ablehnen.« Diesen Rat habe ich vom haitianischen Botschafter in Japan, er hat mich regelrecht aufgeweckt. Eine Zeit lang nahm ich alle Aufträge an, die ich kriegen konnte. Da ich zu viel am Hals hatte, war ich manchmal schlecht vorbereitet oder überfordert und erfüllte keinen Auftrag zu 100 Prozent. Erst als ich lernte, Nein zu sagen, verbesserten sich Konzentration und Leistung wieder.

Mein spanischer Freund sagte mir: »Hab es nicht zu eilig, du kommst eh nur in deinem Tempo voran. Ein Baum braucht Zeit zum Wachsen, und du kannst keine Blume zwingen, schneller zu blühen. Stress dich also nicht.« Dieser Rat hat mir viel Frust und Unfähigkeitsgefühle erspart.

●

Wenn du Hilfe brauchst, bitte darum

Eine Designerin aus Thailand und Freundin von mir hat mir geraten, ruhig andere um Hilfe zu bitten. Schließlich versorgen wir Menschen mit einem Einkommen, wenn wir ihnen Arbeit verschaffen. Es ist nichts Falsches daran, sich jemanden zum Putzen oder für andere Arbeiten zu suchen. Sie sagte, es sei toll, Hilfen einzustellen, solange du die Leute gut behandelst. In der Vergangenheit habe ich immer versucht, alles allein zu schaffen: sauber machen, kochen, Wäsche waschen, Make-up auflegen und Pinsel auswaschen, E-Mails beantworten, Promoting und Verträge abschließen. Ich hielt das für eine Tugend und machte mich völlig verrückt. Doch schließlich lenkte ich ein und beschloss, mir Hilfe zu holen. Ich lernte, dass niemand alles alleine erledigen kann: Um etwas Größeres zu erschaffen, brauchen wir ein spezialisiertes Team. Als ich noch jünger war, hatte ich davon keine Ahnung. Für manche Leute mag der Rat einschüchternd oder weit hergeholt klingen, aber für mich waren das wertvolle Lektionen.

Versuch nicht, alles allein zu schaffen.

Als ich in L. A. mit Promis zu arbeiten begann, bekam ich mit, dass sie die Unterstützung einer ganzen Reihe von Profis benötigten, damit eine Veranstaltung oder eine Person wirklich einschlug: Leute für die Gesamtorganisation, für Public Relations und Social Media, Modestyling, Haarstyling, Make-up, Choreografie, Tanz, Musik, dazu Sicherheitsleute und natürlich die Unterstützung von Familie und Freund*innen … und die Liste könnte endlos weitergehen. Die Magie und folglich der große Effekt entstehen dank des Zusammenwirkens aller. Ich lernte, dass ich als Einzelner nur begrenzte Möglichkeiten habe, und begann ohne Schuldgefühle um Hilfe zu bitten.

●

Wenn du dich beschwerst, vergrößert sich das Problem um ein Vielfaches

Wie bereits erwähnt, mussten bei der Mönchsausbildung, der ich mich zusammen mit weiteren 90 Novizen und Novizinnen unterzog, alle noch einmal von vorne beginnen, wenn nur eine Person einen Fehler bei einem Ritual und beim Rezitieren gemacht hatte. Das Training war so strikt, dass ich am liebsten weggelaufen wäre. Viele der Anwärter*innen beschwerten sich ständig, sie würden von den Tutor*innen ausgeschimpft und das Training sei zu hart.

Zunächst stimmte ich in den Chor mit ein, aber dann hielt ich mich zurück und dachte lieber an die Zukunft. *Was würde ich nach dem Training machen? Was würde ich essen? Welches Make-up würde ich üben?* Ich schrieb mir meine Ideen auf, um sie nicht zu vergessen und später darauf zurückgreifen zu können. Auch wenn ich mich jetzt beschwerte, änderte das weder etwas am Inhalt noch an der Dauer des Trainings. Es war viel konstruktiver, einfach an etwas anderes zu denken. (Pssst, nicht weitersagen: Ich überlegte mir im Kopf sogar ein passendes Make-up für die Buddhastatuen! Auf alle Fälle besser, als mich zu beschweren, oder?!)

Solange ich von Unmut und Unzufriedenheit erfüllt bin, habe ich meine Gefühle nicht wirklich im Griff. Aber ich brauche nicht jeden Gedanken persönlich auszusprechen, auch wenn sich Klagen und Murren vielleicht nicht ganz vermeiden lassen. Wichtig finde ich es, einen etwas veränderten Blickwinkel einzunehmen und meinen Sinn für Humor nicht zu verlieren. In anderem Licht betrachtet, sehen die Dinge auch gleich anders aus. Und schließlich bestimmst du selbst, worauf du den Lichtstrahl lenkst.

Wenn du den Scheinwerfer nur auf deine Unzufriedenheit richtest, werden die Dinge immer gleich bleiben, ganz egal, wohin du dich wendest.

Beim internationalen Wettbewerb für Miss Universe rief mich einmal um sechs Uhr morgens meine Chefin an, ich solle sofort zum Make-up kommen. Meine spontane Reaktion war: *Wie kannst du mich so früh am Morgen so überfallen?* Aber dann sah ich es von der komischen Seite: *Hat nicht ausgerechnet sie mich gelehrt, wie wichtig es ist, immer auf alles gefasst zu sein, weil du nie weißt, was dich erwartet?* So lachte ich, statt mich zu beschweren und es später zu bereuen. Du brauchst dich nicht zu ärgern. Du machst es dir leichter, wenn du lachst und die schlechten Gefühle gleich wieder loslässt.

Du hast einen harten Tag?
Betrachte dein Leben, als wäre es ein Film

Während meiner Arbeit als Make-up-Assistent in New York beauftragte mich meine Chefin einmal damit, Wimpern zu kaufen. »Bevor es morgen nach Las Vegas losgeht«, sagte sie, »möchte ich 100 Paar Wimpern Nummer 18 von der Marke X.« Die musste ich also noch am selben Abend auftreiben.

Auf einer Karte tüftelte ich mir die geeignete Route aus, um – beginnend am Times Square in Manhattan – sämtliche Drogerien und Kaufhäuser abzuklappern. Dann nahm ich ein Geschäft nach dem anderen in Angriff. Ich schnitt schon gut ab, wenn es an einem Ort ganze drei Sets gab; richtig Glück hatte ich, wenn sie sechs auf einmal auf Lager hatten. Viele Läden hatten gar keine, und ich wurde immer nervöser. Als ich bereits um die vier Stunden unterwegs war, hatte ich immer noch keine 100 Stück beisammen. Inzwischen regnete es heftig. An beiden Armen hingen die Einkaufstaschen, und ich dachte nur: *Also, die Chefin hat ja nur gesagt, ich soll so viele besorgen, wie ich kann. Könnte ich jetzt vielleicht aufgeben?* Aber nachdem ich in Ruhe überlegt hatte, wie ich mich dann fühlen würde, beschloss ich weiterzumachen, denn sonst hätte ich es hinterher womöglich bedauert: *Warum hab ich damals bloß so schnell aufgegeben?*

Ich verspürte nicht etwa Widerwillen. Ich hatte mich bereit erklärt, den Einkauf zu übernehmen, und wollte ihn nun auch zufriedenstellend erledigen. Bei diesen Gedanken raffte ich mich wieder auf und redete mir gut zu: *Stell dir vor, das wär jetzt* Der Teufel trägt Prada. Am Ende hatte ich von Westen nach Osten alle Geschäfte zwischen der 40. Und 70. Straße abgeklappert und meine 100 Paar zusammenbekommen. Ich hatte es tatsächlich geschafft! *Ich bin großartig!,* dachte ich (und stellte mir insgeheim vor, wie es diese Erfahrung eines Tages in ein Buch schaffen würde).

Aber obwohl ich völlig erschöpft war, musste ich noch alles für die Fahrt nach Las Vegas am nächsten Tag vorbereiten. Ich nahm die ganzen falschen Wimpern aus ihren Schachteln und bündelte sie jeweils in entgegengesetzter Richtung, damit sie nicht zerdrückt wurden, stapelte sämtliche Quittungen, berechnete die Gesamtsumme und schickte meiner Chefin eine E-Mail mit der Nachricht: »Geschafft!«

Wahrscheinlich würden jetzt viele denken: *Warum muss ich so hart arbeiten?* Wie wäre es, stattdessen zu fragen: *Welchen Nutzen hat diese Erfahrung für mich??*

In der Oberschule fühlte ich mich so einsam wie Aschenputtel, wenn sie von ihrer Stiefmutter und ihren Stiefschwestern ausgelacht wird. Von Lehrerseite hieß es, ich solle zehn Stunden täglich lernen, und von meinen Klassenkamerad*innen wurde ich wegen meiner Sexualität ausgelacht. Dennoch wusste ich irgendwie, dass mich der Stress und die Erniedrigung für die Zukunft stärken würden. Zwar mochte ich Aschenputtel sein, von Asche überzogen und ohne Hoffnung, aber vielleicht würde ich mich ja doch eines Tages in eine Prinzessin verwandeln und glücklich werden.

Dank dieses winzigen Hoffnungsschimmers ließ ich mich

nicht unterkriegen, und heute ist es mir vielleicht möglich, Menschen in einer ähnlichen Lage zu helfen. Sei dir nicht so sicher, dass du dein Leben lang mit Asche überzogen sein wirst. Ich glaube an harte Arbeit, aber wir müssen auch klug und, wenn es an der Zeit ist, so mutig sein, sagen zu können: »Lass mich den Glasschuh probieren.«

Probier den Glasschuh an, wenn er dir gereicht wird!

Greif deine Gedanken beim Schopf, sobald sie auftauchen

Beim Meditieren visualisiere ich am liebsten meine Gedanken oder drücke sie in Worten aus. So kann ich sie am besten sortieren und Unbrauchbares verwerfen. Das funktioniert auch, wenn ich nachts nicht schlafen kann.

Unser Denken ist wie ein Geist oder Gespenst: Es kommt und geht. Also beschloss ich, meine Gedanken in einem Notizbuch festzuhalten. Das hilft mir wirklich, mich zu organisieren. Ich schreibe einfach alles auf, was mir durch den Kopf geht, auch wenn ich depressiv oder wütend bin. Es ist sehr wichtig, solche Gefühle loszulassen.

Hier als Beispiel so ein Gedankenfluss: *Ich sollte bald schlafen gehen, müsste aber noch ein bisschen arbeiten. Vielleicht kann ich mich ja überwinden, früher aufzustehen und früher schlafen zu gehen? Aber ich bin nachts so produktiv, also sollte ich mir lieber den Wecker stellen? Ich will mich nicht in meiner Arbeit und Produktivität behindern. Also gehe ich vielleicht früh schlafen und mache morgen früh mit klarem Kopf weiter?* Wenn mir diese Gedanken nur ewig im Kopf herumkreisen, komme ich nie zu einem Schluss.

Solange du das Gespenst nicht klar siehst, könnte es lästig werden. Fängst du es dagegen ein, sodass es konkret greifbar wird, ist es kein echtes Gespenst mehr, oder?

Eine weitere Möglichkeit wäre, deine Gedanken laut auszusprechen. Mir schenkt das meistens ein wenig mehr Klarheit. Manchmal nehme ich auch eins meiner Stofftiere in die Hand und erzähle ihm meine Probleme. Die Antwort weiß ich dann oft schon vorher, stehe aber aus irgendeinem Grund nicht dazu. Vielleicht brauche ich auch einfach noch einen Augenblick zum Überlegen, bevor ich handele.

Wenn du deine Probleme wirklich lösen möchtest, empfehle ich dir, deine Gedanken auszusprechen oder zu visualisieren. Als ich, nachdem ich fast alle meine Träume verwirklicht hatte, nach Japan zurückkehrte, fielen mir eine Zeit lang gar keine neuen Ziele ein. Ich ließ mich bloß noch treiben. Gerettet wurde ich durch etwas, was Julia Cameron in ihrem Buch *Der Weg des Künstlers* eingeführt hat und »Die Morgenseiten« nennt. Ich hatte es mir zur Gewohnheit gemacht, immer ein Notizbuch mit mir herumzutragen und alles aufzuschreiben, was mir einfiel: Gedanken, To-do-Listen für den Tag, kleine Ziele.

Wenn du deine Pläne klar visualisierst, bist du schon auf halbem Weg zum Ziel!

Zurück in Japan, notierte ich, dass ich mein Spanisch verbessern, etwas für meinen Körper tun und an meiner Ausdrucksweise feilen wollte. Als ich mir noch einmal durchlas, was ich schon alles aufgeschrieben hatte, wurde mir klar, dass ich bislang nichts davon in Angriff genommen hatte. Ganz offensichtlich war ich zu faul gewesen – höchste Zeit, mir einen Tritt in den Allerwertesten zu geben.

Ich prüfte, warum ich etwas ändern wollte, überlegte, welche Gewohnheiten mir nicht mehr förderlich waren, und arbeitete hart daran, meine Probleme zu lösen. Statt nach Ausreden zu suchen, warum »ich es heute wieder nicht hingekriegt« hatte, dachte ich über die Gründe nach, die mich bisher behindert hatten.

Wie wollte ich die 24 Stunden des Tages nutzen? Wenn ich meine Gedanken notiert hatte, schrieb ich auf ein extra Blatt Papier To-do-Listen, um zu entscheiden, wie ich meinen Tag nutzen und produktiv sein konnte.

Die Erkenntnis darüber, warum du bestimmte Dinge nicht hast tun können und was dich daran hindert, ist eine Abkürzung zu deiner Selbsterneuerung.

Deshalb ist es nützlich, täglich die eigenen Gedanken festzuhalten. Natürlich brauchst du dich nicht zu zwingen, wenn dir die Energie dazu fehlt. Bevor wir einen Schritt nach vorn tun, müssen wir unsere Batterien aufladen. Genau wie ein Frosch, der sich hinkauert, bevor er zum Sprung ansetzt, sollten wir unseren Körper, wenn er müde ist, erst einmal richtig ruhen lassen. Du brauchst dich nicht schuldig zu fühlen, wenn du eine Pause nötig hast!

Level auf, bevor du den Boss triffst

Wenn du dir vorab kein genaues Bild von dem machst, was du erreichen möchtest, wird es sich nur schwerlich in Gang bringen lassen. Versuch dir als Erstes vorzustellen, wie dein Leben in Zukunft aussehen soll. Ich bereite mein künftiges Leben vor, indem ich meine Vorstellungskraft nutze. Zum Beispiel stelle ich mir vor, wie ich mich verhalten werde, wenn ein wichtiger Auftrag oder eine Besprechung gut verlaufen ist, und was ich dann erreicht haben werde. Ich stelle mir vor, wie ich gesund und umgeben von Menschen und Dingen leben werde, die Freude ausstrahlen. Ich nehme mir Zeit, um mir sämtliche Alltagsdetails auszumalen.

Gibst du dir bloß dann richtig viel Mühe, wenn du es mit besonders wichtigen Leuten oder speziellen Herausforderungen zu tun hast, wird es zu spät sein! Deine Chancen wirst du nur nutzen können, wenn du ein hohes Level erreichst. Um das von dir angestrebte Leben zu führen, musst du die entsprechenden Einzelheiten und Fertigkeiten erwerben, die du benötigst, und dich mit den richtigen Menschen umgeben. Das ist genauso, wie wenn du die Hauptfigur in einem Rollenspiel bist. Du verlierst den »boss fight«, es sei denn, du levelst vorher auf (ganz abgesehen davon, dass du dein Leben in der Wirklichkeit nicht immer wieder von vorn abspielen kannst wie ein Videogame).

Wenn du einen Traum hegst, dich aber jahrelang im Kreis gedreht hast, fehlt es dir vielleicht an ausreichender Vorstellungskraft, um ihn wahr werden zu lassen. Oder du hast die Tür schon längst vor ihm zugeschlagen, weil du denkst: *Ein so großer Traum wird sowieso nie wahr werden.* Wenn du ihn dir nicht ganz klar vorstellen kannst, dann hilf nach, indem du zum Beispiel in das Restaurant essen gehst, in dem du nach Verwirklichung deines Traums gern feiern möchtest. Bestell dir dort einen Drink, damit du schon mal aus erster Hand ein Gefühl für die Atmosphäre bekommst! Wenn du dich für einen Job bewirbst, geh in das Gebäude von dem Büro, in dem du arbeiten möchtest, iss etwas in der Cafeteria und zieh dich so an, als wärst du bereits angestellt. Willst du Model für eine teure Schmuckmarke werden, geh in den Laden und frag, ob du den Schmuck mal probeweise anlegen darfst! Ich habe einmal eine goldene Halskette probiert, die ich dann doch nicht kaufte, und kann mich immer noch an ihr Gewicht und daran erinnern, wie sie sich anfühlte. Das wiederum macht es mir leichter, sie mir wieder an meinem Hals vorzustellen …

Egal, wie groß dein Traum ist, du musst dich davon überzeugen, dass er Wirklichkeit werden kann. Solange du die Zielgerade nicht vor dir siehst, kannst du sie dir auch nicht vorstellen, oder? Auch ich habe schwache Momente, aber ich weiß, dass ich an mich glauben muss. Wenn du dir deinen Traum als Wirklichkeit ausmalen kannst, bist du schon auf halbem Weg zum Ziel!

Stell dir vor, alle deine Träume sind wahr geworden, und lass uns das jetzt schon feiern!

Eines meiner Lieblingsbücher ist *The Secret – Das Geheimnis* von Rhonda Byrne, in dem sie das Gesetz der Anziehung erläutert. Ich empfehle es wärmstens! Im Wesentlichen besagt es, dass du so leben sollst, als wären deine Träume bereits Wirklichkeit. Als ich zum Beispiel in New York war, wollte ich wirklich Make-up machen und im Make-up-Team für Miss Universe mitarbeiten.

In mein Notizbuch schrieb ich Hunderte Male: »Ich kann Make-up-Assistent werden und bei Miss Universe arbeiten«, ich chantete und visualisierte die Situation. Das habe ich mit vielen Zielen so gehandhabt, und fast alle haben sich verwirklicht! (Nur für Liebesbeziehungen gilt das nicht. Denn wie es auch bei *The Secret – Das Geheimnis* heißt, kannst du nicht das Leben anderer beeinflussen … Schade, dass ich das nicht schon viel früher wusste!)

Eiscreme-Magie

Ich möchte hier eine eigene Version des Gesetzes der Anziehung mit dir teilen. Ich habe sie »Eiscreme-Magie« genannt.

1. Der erste Happs Eiscreme macht immer glücklich, oder? Versuch mal, dieses Glücksgefühl mit deinem künftigen Ich zu verbinden, und visualisiere, wie es sich anfühlen würde, wenn deine Träume bereits wahr wären, zum Beispiel so: »Viele Menschen fanden mein Buch gut!« Schmecke ein bisschen von der Freude vor, die du verspürst, wenn sich ein Traum verwirklicht hat.

2. Jetzt genieße den zweiten Happen: »Meine erste Safarireise war so aufregend!« Und den dritten: »Ich spreche fließend Spanisch!« Stell sicher, dass du die Sätze so formulierst, als wäre ihr Inhalt bereits Wirklichkeit.

3. Du kannst deine Träume mit allen deinen täglichen Glücksmomenten verbinden, ebenso mit dem »Aaaah …«, wenn du ein Bad nimmst, oder dem »Wooow …«, wenn dir eine erfrischende Brise entgegenweht.

Und hier noch eine spezielle Version: »Das Dinner zur Feier der wahr gewordenen Träume.« Geh mit deinen besten Freunden und Freundinnen in ein gutes Restaurant. Wähle eines, das sich von dem, wo du normalerweise hingehst, ein bisschen abhebt – sozusagen zur Belohnung. Bestellt euch unterschiedliche Gänge und Desserts. Und dann erzählt euch, während ihr gegenseitig alles probiert, abwechselnd von eurer Freude, wenn sich ein Traum erfüllt hat. Tut so, als wären eure Träume bereits wahr geworden, geht essen und feiert!

Vor einigen Jahren haben meine spanischen Freunde und ich das zusammen gemacht. Bei der ersten Speise sagte ich: »Wahnsinn! Ich bin in der Show von *Queer Eye* aufgetreten!« Dann nahm ich eine Gabel voll und genoss sowohl den Geschmack des Essens wie meinen Erfolg.

»Wie haben die Leute reagiert?«, fragte mein Freund.

»Ich habe jede Menge Glückwünsche erhalten! Und das führte zu einem Beitrag über mich in der *Vogue!*«, sagte ich.

Je konkreter und detaillierter du deine Träume beschreibst, desto realer fühlen sie sich an. Gemeinsam könnt ihr so tun, als wären deine Träume tatsächlich wahr geworden, und könnt eure Erfolge miteinander teilen. Wenn du dir zusammen mit anderen deine Zukunft vorstellst, bringt das die Träume der Wirklichkeit näher, oder?

Und da ist noch mehr, denn wenn du lebst, als hätten sich deine Träume bereits erfüllt, dann werden sie auch wirklich wahr! Einige Jahre später trat ich tatsächlich bei *Queer Eye* auf! Und wurde von der *Vogue* interviewt! Als sie mir den Vertrag anboten, war ich ehrlich schockiert.

Also, wie stehts? Einen Versuch ist es doch wert, oder?

Glaube daran, dass deine Träume wahr werden können

Als ich in der Netflixshow *Queer Eye* auftrat, erfüllte sich einer meiner Träume.

In der Mittelschule war ich zum ersten Mal auf die Originalserie *Queer Eye for the Straight Guy* bei FOX gestoßen. Ich war total überrascht, dass da schwule Männer offen im Fernsehen auftraten. Als Junge schaute ich jede Menge Animes, in denen Homosexuelle normalerweise als pervertierte Bösewichte dargestellt wurden. In *Queer Eye* dagegen waren sie die Helden, die Heterosexuellen aushalfen. Wie konnte es sein, dass sie sich outeten und in der Öffentlichkeit nicht diskriminiert wurden? Meine Neugier war geweckt. Aber schließlich waren sie ja auch freundlich und nett und halfen anderen Menschen, was hätte man ihnen also vorwerfen sollen?!

Als ich später bei den Wettbewerben für Miss USA und Miss Universe arbeitete, lernte ich dort Carson Kressley kennen, der zum ersten Cast von *Queer Eye* gehörte und auch Preisrichter bei der Realityshow *RuPaul's Drag Race* ist. Er war außerdem Modeberichterstatter bei den Miss-USA- und Miss-Universe-Shows. Meine Chefin beauftragte mich, Carson zu assistieren – wie surreal! Während der Produktion legte ich ihm jedes Mal das Make-up für seine Auftritte auf. Er war so nett, mir eines seiner Bücher mit Autogramm zuzuschicken. Ein lustiger und kluger Profi, der gut zuhören konnte und alles gleich mit den komischsten Witzen parierte.

Als ich später öfter Gelegenheit hatte, als LGBTQIA*-Aktivist in Japan in der Öffentlichkeit zu reden, sprach mich Kan an, der mich bei einer der Veranstaltungen gehört hatte. Er hatte in der *Queer-Eye*-Episode »Crazy in Love« eine Hauptrolle und wollte mich den Produzenten der Show vorstellen, die in Japan gedreht werden sollte. Zuerst sprach ich für die Botschafterrolle vor, wurde aber nicht gecastet. Als

Nächstes hatte ich ein Vorstellungsgespräch für das Haarstyling und Make-up und wurde auch dafür nicht ausgewählt. Ich war zwar traurig, nahm es aber hin und hoffte, dass sich das Blatt doch noch wenden würde. Da teilten mir die Produzenten in einer E-Mail mit, sie hätten die perfekte Rolle für mich, und so kam ich also doch noch zu *Queer Eye*.

Die Episode wurde in einem Park in Shinjuku aufgenommen. Der Moderator der Episode Karamo Brown hatte mir vorab mitgeteilt, dass ich Kan überraschen solle. Das Thema, über das ich mit ihm sprach, ging auch mir sehr nahe. Kan sagte mir, dass er sich während seines Studiums in England in der Schwulen-Community diskriminiert gefühlt habe, wenn es auf Dating-Apps »No Asians« (Asiaten unerwünscht) hieß, und in der japanischen Community, wenn man sich über Schwule lustig machte und sie als Schwuchteln bezeichnete. Karamo sagte, er sei wegen seiner dunklen Haut diskriminiert worden, sodass er die Selbstaffirmation für sich brauche: »Ich mag mich, auch wenn andere mich vielleicht nicht leiden können.«

Mein Auftritt bei *Queer Eye* stellte einen Wendepunkt in meinem Leben dar. Ich wurde im Supermarkt in Atlanta, in der Disney World in Florida und sogar in einer Toilette in Thailand erkannt. (Dort gab es keine Papiertücher zum Händetrocknen, und ich hatte kein Taschentuch. Ein Wachmann sprach mich an, als ich gerade meine Hände heftig trocken schüttelte!) Es ist schon sehr seltsam, wenn man in der Öffentlichkeit erkannt wird, aber ich bin dankbar, dass meine Botschaft jetzt gehört wird. Deshalb werde ich auch weiterhin für das Recht kämpfen, so zu leben, wie wir leben wollen, und zu sein, wer wir sein wollen.

Ich weiß, dass jeder Mensch andere Vorlieben und einen anderen Geschmack hat. Die Gefühle mancher werden zum Glück berücksichtigt, die anderer aber leider nicht. Ich bin nicht bereit, mich von Menschen verärgern oder traurig machen zu lassen, weil sie nicht in der Lage sind, mich als den zu sehen, der ich wirklich bin. Ich bin vielleicht nicht immer stolz auf meinen Körper oder meine Fähigkeiten, aber ich liebe mein wahres Selbst und meinen Willen, besonnen und mutig zu sein. Mein inneres Wesen ist etwas, das sich auch in der Zukunft nicht ändern wird.

Ganz egal, was die Leute sagen: Solange du die kleine Flamme der Selbstachtung in deinem Herzen schützt, kann sie nicht ausgeblasen werden.

Lass dein Feuer nicht ausgehen, auch wenn andere dir dein Licht absprechen. Außerdem bin ich hier, um dein Licht zu beschützen! Visualisiere dein Leben mithilfe von Traumcollagen.

Von den vielen Models, die ich in New York kennenlernte, verwendeten so einige ein Foto von sich als Hintergrundbild im Handy. Das erstaunte mich und ich sagte mir: *Die sind ja ganz schön von sich eingenommen!* Aber weißt du was? Wieso soll es falsch sein, sich selbst zu lieben? Ich fragte mich, warum ich sie eigentlich für eitel hielt. Es konnte daran liegen, dass ich dazu erzogen worden war, nicht mit Stolz über mich zu sprechen – aber das sind veraltete Werte. Natürlich übertreiben es manche Leute, aber es gibt auch viele, die sich, wie zum Beispiel bei mir der Fall, für minderwertig halten.

Wenn ich daran zurückdenke, könnte es natürlich sein, dass die Models sich und diese Fotos wirklich liebten, aber vielleicht wollten sie sich auch nur selbst erinnern und ermutigen, dass sie schön waren und ihre Chance verdienten. Wie auch immer – sie hatten mich inspiriert. Seitdem lud ich mir immer Bilder auf den Homescreen des Handys mit Motiven, die mir zu groß für mich vorkamen, wie zum Beispiel eine Reklame für *Queer Eye*. So würde ich das tagtäglich sehen, bis ich eines Tages vergessen hätte, dass ich dieses Programm für unerreichbar hielt. Und tatsächlich: Kaum hatte ich das vergessen, wurde ich für die Show gecastet.

Es ist keine Sünde, dich selbst zu lieben und an erste Stelle zu setzen.

Dasselbe traf für die Veröffentlichung eines Buches auf Englisch zu! Ich setzte das Logo eines bestimmten Verlags als Hintergrundbild ein, und jetzt arbeite ich mit ihm zusammen.

Du kannst diese Methode auch sehr gut als Hintergrund auf deinem Laptopmonitor verwenden oder Themenfotos ausdrucken und an Stellen anbringen, die du ständig siehst. Es geht darum, dass du dich an den Anblick gewöhnst und sich deine Wahrnehmung von diesem Bild ändert. Was einmal außer Reichweite schien, rückt auf diese Weise nahe.

Genauso verfahre ich mit Visitenkarten: Wenn ich gern jemand Bestimmtes kennenlernen möchte, stelle ich seine oder ihre Visitenkarte sichtbar hin. Ich habe ein Fach im Regal, in dem ich meine Lieblingsgegenstände ausstelle, die mich mit Freude erfüllen, zum Beispiel Souvenirs von besonders schönen Reisen oder Fotos von meinem besten Freund und mir. Auch die Visitenkarten stelle ich in dieses Regal. Gewöhnlich kontaktieren mich dann ihre Besitzer*innen, oder ich begegne ihnen bei irgendeiner Gelegenheit. Habe ich ein neues Ziel, stelle ich eine Karte von jemandem nach vorn, mit dem ich mich ab jetzt mehr verbinden möchte. Auf diese Weise bin ich Menschen begegnet, die mir auf meinem Weg geholfen haben.

Das ist zwar keine wissenschaftliche Herangehensweise,

aber zu »verändern, was normal für mich ist«, scheint mir der Schlüssel zu mehr Erfolg. Wenn du glaubst, dass du etwas kannst, gelingt es dir auch, das Schicksal davon zu überzeugen!

Menschen sind wie Stifte

Ich finde ja, dass Menschen ein bisschen wie Stifte sind. Wir kommen alle in unterschiedlichen Größen, Formen und Farben daher: als Buntstifte, Marker, Kreide oder sogar Füllhalter. Mit manchen Stiften zieht man dicke Linien, mit anderen dünne. Manche schreiben schwarz, andere gelb oder gar bunt. Eigentlich geht es um das, was wir malen oder schreiben wollen: Bild oder Geschichte, Gedicht oder Comic.

Wir sollten unbedingt lernen, mit der Stärke unseres Stiftes umzugehen und die Farben bestmöglich einzusetzen. Manchmal brauchen wir Mut, manchmal aber auch einen ganz feinen Strich, um etwas Heikles oder Zartes abzuliefern. Kein Stift ist besser oder schlechter, und jeder und jede von uns kann Einzigartiges leisten. Nichts und niemand ist überflüssig, wir alle haben unsere Fähigkeiten.

Lass uns unsere Tinte nutzen und Spaß haben, bevor sie ausläuft …

Lass deine echten Farben leuchten

Als ich klein war, mochte ich die Farben Gelb und Lila. Ich fand, dass mir »neutrale« Farben standen, also weder Blau wie für die Jungs noch Rosa wie für die Mädchen.

Ich habe die Welt als Multigender erfahren und kann mich

daher mit Männern und Frauen identifizieren. Mir ist die Gabe zugefallen, Menschen so zu sehen, wie sie sind, ich kann mit ihnen als Kodo kommunizieren, als jemand, der sich nicht auf eine Geschlechtsidentität zu begrenzen braucht. Ich glaube, dass meine Existenz für andere etwas Befreiendes hat.

Bereits zu Beginn des Buches habe ich erwähnt, wie ich auf den Begriff »genderbegabt« stieß, der die mir vergönnte Geschlechtsidentität charakterisiert. Ich liebe dieses Wort und möchte, dass andere es für mich verwenden. In dem Wort »begabt« steckt auch »talentiert« und »gesegnet«. Als mir klar wurde, dass ich durch mein Anderssein Dinge tue und verstehe, die andere nicht in der Lage sind zu tun oder nachzuvollziehen, konnte ich mich selbst mehr lieben. Zugleich haben mich meine Erfahrungen mit Spott und Hohn stärker und umsichtiger gemacht. Die Diskriminierungserinnerungen stellen eine grenzenlose Energiequelle dar, die mein ganzes Leben antreibt.

Du bist einzigartig und könntest das letzte noch fehlende Teilchen im Puzzle sein.

Jedem und jeder von uns begegnen im Leben jede Menge Hindernisse. Aber bitte verstehe, dass die Herausforderungen und Widrigkeiten, die wir aushalten mussten, sich in Superkräfte verwandeln können, die uns später nützlich sind.

Lass uns in Farben denken! Wenn Gelb sich mit Blau oder Rot in der Welt verbindet, können zum ersten Mal Grün oder Orange entstehen. Und wenn Blau und Rot sich zu einem Lila verbinden, stellt dies auch eine Brücke zwischen Rot und Blau her. Unsere einzigartigen Eigenschaften sind Quellen der Hoffnung und neuer Möglichkeiten. Daher muss es etwas geben, das nur ich tun kann, weil ich mich sowohl als Mann wie auch als Frau – also lila – fühle; und doch bin ich weder komplett Mann oder Frau – also gelb. Dieses Verständnis hat meiner Existenz einen Sinn gegeben.

Wenn jeder und jede in den eigenen Farben leuchtet, wird die Welt lebendiger und schöner. Genau wie jedes Puzzleteilchen sind wir einzigartig und können die Lücken in der Gesellschaft füllen. Menschen, die authentisch sind, haben eine besondere Schönheit.

Zum Schluss

Vor Kurzem nahm ich Kontakt zu jemandem auf, mit dem ich mit 18 in Boston befreundet war. Es ist ein Amerikaner, mit dem ich damals viel Zeit verbrachte, den ich aber seit über einem Jahrzehnt nicht mehr gesprochen hatte. Ich wusste schon damals, dass mir Männer gefielen, aber dieser Freund sagte mir jetzt, ich hätte solche Angst gehabt, das Wort »schwul« auszusprechen, dass ich es nur mit den Lippen geformt hätte. Dass es so schlimm gewesen war, hatte ich völlig vergessen!

Jetzt gebe ich Interviews für Zeitschriften und Fernsehen, ich zeige mein Gesicht in der Öffentlichkeit, gebe meinen Namen an, bekenne offen meine Homosexualität und lächle dabei. Selbst mich überrascht das, und das Gespräch mit meinem alten Freund machte mir plötzlich klar, wie sehr sich meine Haltung geändert hat. Natürlich bin ich viel lieber so wie jetzt als wie damals mit 18. Heute brauche ich mich nicht mehr zu verstecken oder in Angst zu leben, sondern kann wirklich ich sein.

Ich wollte ja glauben, dass Homosexualität nichts Verwerfliches war, aber davon musste ich mich erst einmal selbst überzeugen. Ich musste es erst selbst glauben. Es war ein langer Weg, bis ich Leuten begegnete, die ihr Bestes gaben und mich überredeten, mich zu outen, Make-up und High Heels zu tragen und mich der Welt zu zeigen. Mithilfe von Filmen, TV-Shows, Büchern und Gesprächen studierte ich die Geschichte der LGBTQIA*-Bewegung. Ich fragte mich, woher ich diese Idee hatte, dass Homosexualität verwerflich wäre. Dann machte ich meine Mönchsausbildung und wurde vom Buddhismus in meiner Sexualität bestärkt und bestätigt. Um uns selbst versichern zu können, dass wir es verdienen, gleichberechtigt und respektvoll behandelt zu werden, ist es unglaublich wichtig, zu reisen, Leute zu treffen und sich zu informieren.

Schließlich sind doch, unabhängig von allen Unterschieden, alle Menschen gleich. Ethnie, Fertigkeiten, Gender, Besitz, Status usw. – nichts davon spielt eine Rolle. Wichtig sind nur unser Bewusstsein und unsere Absicht. Meine Aufgabe besteht darin, Menschen verstehen zu helfen, dass wir ausnahmslos alle gleich sind.

Lass dich von niemandem und nichts täuschen, der oder das versucht, dir einzureden, du seist schlechter als andere.

Was ich mich immer wieder frage, ist: *Wie möchte ich leben? Wie will ich meine Zeit auf dieser Erde verbringen?* Als Homosexueller werde ich keine Frau lieben und heiraten und mit ihr Kinder kriegen. Um mich herum sehe ich Leute mit immer mehr Familienzuwachs und frage mich: *Worin besteht der Sinn meines Lebens?* Auch jetzt noch bin ich manchmal abends vor dem Einschlafen traurig. Einer Sache bin ich mir allerdings absolut sicher: Ich kann andere ermutigen. Hoffnungsvolle Herzen zu berühren, macht mich glücklicher als alles andere.

Und an noch etwas denke ich vor dem Einschlafen: *Wie kann ich glücklich leben?* Noch vor meinem Outing gegenüber meinen Eltern hatte an einem denkwürdigen Tag mein Herz zu mir gesagt: »Nach diesem Erlebnis werde ich nie wieder irgendetwas bereuen.« Ich war in Spanien, in Barcelona, gewesen, an einem Ort, an dem ich meine Sexualität nicht zu verstecken brauchte. Mein bester Freund und ich liefen abends am Strand entlang, die untergehende Sonne färbte den Himmel rosa und lila. Unser Gespräch war so bunt und lebendig wie eine Blumenwiese, wir lachten und waren fröhlich. Die

Wärme, der Wind und die Tageszeit – alles fühlte sich unglaublich freundlich und einladend an. Ich konnte einfach ich sein, brauchte mich nicht zu verstecken oder sonst irgendetwas zu tun. Alles war perfekt und im Überfluss vorhanden. *An Tagen wie diesen*, dachte ich, *brauche ich weder Ehre noch Geld, weder Macht noch Schönheit. Es gibt nichts, was mich glücklicher machen könnte als noch viele weitere so fröhliche Momente wie dieser. Ich bräuchte noch nicht mal ein langes Leben. In diesem Moment bin ich zu 100 Prozent ich selbst, und das macht mich am allerglücklichsten.*

»Ein Sieg, der ausgehebelt werden kann, ist in Wahrheit keiner. Ein echter Sieg ist der, der sich nicht kippen lässt.«

Jataka

Lass uns die Diskriminierung bekämpfen, indem wir uns feiern

Aus meiner Sicht gebiert Hass bloß wieder Hass. Wie können wir also die Diskriminierung überwinden und Inklusivität fördern?

Als ich in Los Angeles lebte, ging ich als Zuschauer zu einem Halloweenumzug in West Hollywood, wo es endlos viele schwule Bars gibt. Da waren auch ein paar Leute, die gegen Homosexualität protestierten. Sie standen hinter einer geschlossenen Polizeiabsperrung und riefen hasserfüllte Glaubensparolen oder Drohungen wie »Bereue oder verrecke!«

gegen die kostümierten Menschen auf dem Umzug, vor allem aber natürlich gegen die mitlaufenden LGBTQIA*.

Dann sah ich, wie Leute vor diesen Gegendemonstranten anhielten und ebenso hasserfüllt zurückbrüllten. Mir als Zeuge tat es weh, das mitanzusehen. Warum kam jemand hierher, um einfach nur Hass zu verbreiten? Und was brachte die anderen dazu, darauf einzugehen? Es machte mir Angst und erfüllte mich mit Pessimismus. Da legte plötzlich der DJ des Halloweenumzugs ein berühmtes schwules Anthem auf, und die Leute sangen in Scharen laut mit. Die Menge wandte sich dem DJ zu und tanzte wie wild zu ihrem Lieblingssong. Die Protestierer wurden komplett ignoriert, und die hasserfüllten Stimmen verloren ihre Macht, weil die Leute auf dem Umzug jede Menge Spaß hatten und sie einfach nicht mehr beachteten. Wow, was für eine perfekte Abwehr!

Die Botschaft lautete: »Uns ist egal, was ihr denkt. Wir sind viel zu glücklich hier draußen, um euch Aufmerksamkeit zu schenken.« Am besten ließ sich Diskriminierung also scheinbar bekämpfen, indem wir zeigten, wie viel Spaß wir hatten und dass wir damit auch andere ansteckten. Die Leute gingen an dem Hassprotest einfach vorbei, und schon bald schien alle Anstrengung der Gegendemonstranten völlig vergeblich.

Ich glaube, dass es eine Möglichkeit gibt, hassfrei zu siegen. Natürlich werde ich immer noch wütend, wenn ich etwas Diskriminierendes miterlebe, aber ich weiß immerhin jetzt auch, dass ich mich mit der Wut selbst verletze. Wie wäre es, wenn wir stattdessen lieber die Diversität feiern würden mit Musik, Tanz, Design, Make-up, Mode, Unterhaltung und anderen Formen von Kultur? Als ich zum ersten Mal Filme anschaute wie *Paris brennt* und *Priscilla – Königin der Wüste,* wurde mir klar, dass ich nicht als Einziger litt. Während ich persönlich an Make-up und an den Auftritten meine Freude hatte, bestärkte mich zugleich, was ich auf der Leinwand sah, und ich lernte dazu.

»Die Liebe diskriminiert nicht.«

Jataka

Heute möchte ich die Kunst als Mittel nutzen, Diversität zu fördern. Wenn etwas Spaß macht, schön und unterhaltend ist, dann fällt es uns leichter zu lernen. Zwingen wir Menschen dazu, sich mit Hassdelikten oder Selbstmordraten zu beschäftigen, wird das nicht unbedingt funktionieren, denn das bereitet keine Freude. Niemand möchte genötigt werden, sich mit schrecklichen oder erschütternden Dingen zu befassen. Als Reaktion käme dann vielleicht: »So was passiert auch außerhalb der LGBTQIA*-Szene« oder »Das interessiert mich nicht«. Deshalb finde ich einladende Dinge, die auch noch Spaß machen, viel erfolgversprechender.

Und deshalb finde ich auch Make-up so toll. Es wird über alle Grenzen hinweg geschätzt und fesselt die Menschen. Indem ich mich selbst geschminkt zeige, kann ich außerdem Stereotype des Mönchseins ausräumen und Hoffnung auf Befreiung für alle verbreiten. Und wenn ich anderen Menschen Make-up auftrage, ermutige ich sie und lasse sie wissen, dass wir uns alle schön fühlen können. Ich möchte diese Arbeit gern weitermachen, weil sie ein Werkzeug ist, mit dem ich die Herzen der Menschen erreiche und ihre Geschichten zu hören bekomme, denn häufig erzählen sie mir während des Schminkens auch von ihren Verletzlichkeiten. Nur zu gern würde ich Leute mit unterschiedlichem Background miteinander verbinden, damit sie erleben, dass wir im tiefsten Innern alle gleich sind, dasselbe Leid empfinden und uns dieselben Dinge wünschen. Dazu könnte ich die alten Lehren des Buddhismus und modische Make-up-Produkte in ein und demselben Sinne nutzen.

Der Kreislauf des Lebens

Sei du selbst und finde jemanden, der oder die dich versteht. Dass du als dein wahres Selbst akzeptiert wirst, halte ich für das einzig Wichtige und den Schlüssel zu einem glücklichen

Leben. Glück und Leid kommen und gehen, sie gehören zum Leben dazu, letztlich aber geht alles vorüber.

Wandel entsteht dort, wo du es dir jetzt überhaupt nicht vorstellst. Selbst wenn alles gut läuft, kann plötzlich etwas schiefgehen. Und wenn du den Spieß umdrehst, siehst du, dass das Leben vergänglich ist. Auch wenn es immer Tragödien und Probleme geben wird, möchte ich mich jedenfalls stets für eine optimistische Grundhaltung entscheiden und Menschen miteinander verbinden, damit wir alle für eine friedliche Welt einstehen.

Dank

Weißt du, was Kodo heißt? Der Name besteht aus zwei chinesischen Buchstaben: 宏 (*ko*) bedeutet großherzig und 堂 (*do*) selbstbewusst. Als Junge fand ich meinen Namen paradox, weil ich das Gegenteil davon war. Immer kritisierte ich mich und andere, und selbstbewusst war ich auch nicht.

Seit Kurzem ist mein Name zu einer Art Selbstaffirmation für mich geworden. Ich liebe es, frei von Vorurteilen und Kritiksucht zu leben, und feiere mit absoluter Überzeugung unser kostbares Dasein. Es war schon immer mein Traum, meine Gedanken und Geschichten mit Menschen überall auf der Welt zu teilen. Seit meiner Geburt habe ich das Gefühl, dass es meine Aufgabe ist, andere zu inspirieren, damit wir in einer mitfühlenden Gesellschaft leben können.

Mein Dank geht an mein japanisches Team bei Sunmark Publishing, das mich gefunden hat. Danke an alle bei Watkins Publishing, die mir geholfen haben, meine Botschaft weiterzugeben. Danke an mein kostbares Team, das mich unterstützt. Danke an meine Mentor*innen und Freund*innen, die meine Vorstellung von »normal« zerstört und mir ermöglicht haben, mich selbst zu lieben. Danke an meine Eltern, die mich immer wissen lassen, dass sie mich wirklich glücklich sehen möchten. Jetzt bin ich an der Reihe, die Liebe und die Weisheit, die ich bekommen habe, mit der Welt zu teilen.